Plachta · Editionswissenschaft

Bodo Plachta

Editionswissenschaft

Eine Einführung
in Methode und Praxis
der Edition neuerer Texte

Philipp Reclam jun. Stuttgart

Mit 12 Abbildungen

2., ergänzte und aktualisierte Auflage 2006

RECLAMS UNIVERSAL-BIBLIOTHEK Nr. 17603

Gesamtherstellung: Reclam, Ditzingen. Printed in Germany 2009

ISBN 978-3-15-017603-0

www.reclam.de

Inhalt

Vorwort

»Am Anfang des Gedichtes steht der Einfall, nicht das Wort, was ich als goldene Poetenregel nun schon einige Jahrzehnte vor mir hertrage.« Mit dieser programmatischen Aussage leitet Peter Rühmkorf das Nachwort zur Faksimileausgabe aller Notizen und Entwürfe seines Gedichts *Selbst III/88. Aus der Fassung* (1989, 715) ein. Damit liegt der Fall vor, daß ein Autor nicht nur seine eigenen handschriftlichen Entwürfe exemplarisch veröffentlicht und damit einen Einblick in seine literarische Werkstatt ermöglicht, sondern ausführlich über die eigene Arbeitsweise und die daraus ableitbaren Konsequenzen für seine Poetologie nachdenkt: »Wie arbeitet ein Gedicht sich voran, und zwar in aller Bescheidenheit vom ersten Einfall bis zum allerletzten Schlußpunkt? Wie gliedert sich ein lyrischer Organismus in die Länge und Breite und nach welchen Gesetzen verketten sich die Assoziationen überhaupt zu einem gesammelten Ganzen?« (Ebd., 715) Sicherlich gehört Rühmkorf zu denjenigen Autoren, denen die literaturwissenschaftliche Beschäftigung mit Entwürfen, Varianten und der Genese eines Textes nicht fremd ist, der aber als ein Autor, der solche Fragestellungen ernst nimmt, auch die Gefahr erkennt, daß editorische Arbeit »zwangsläufig die häßlichsten Baulücken« (ebd., 716) im Entstehungsprozeß eines Textes zutage fördert. So gelangt er zu der skeptischen Schlußfolgerung: »Was sich erhalten hat und was man dann mit Geduld und Spucke übereinander kopieren oder nebeneinander herlesen kann, sind sogenannte Entwürfe, Probierläufe, Phasen und Fassungen, aber wie ein Gedicht sich wortwörtlich, um nicht zu sagen buchstäblich entwickelt, bleibt aus Mangel an Bauabfällen meist dem bloßen Vermuten überlassen« (ebd., 716).

Die Rekonstruktion der Entstehung eines literarischen Textes von der ersten Notiz über Entwürfe und Reinschriften bis zur endgültigen Veröffentlichung gehört zu den grundlegenden Aufgaben eines Editors. Aber seine allererste Arbeitsaufgabe ist es, einem Leser einen authentischen Text in seiner originalen historischen Gestalt zu präsentieren. Wenn Rühmkorf von »Baulücken« spricht, die während der Textproduktion entstanden sind, dann muß man mit solchen Textverderbnissen auch bei veröffentlichten Texten rechnen. Druckversehen, vom Autor nicht bemerkte Textfehler, Eingriffe von Herausgebern, Lektoren oder Zensoren und eine problematische Überlieferung von Drucken (z. B. unerlaubte Nachdrucke) sind immer wieder dafür verantwortlich gewesen, daß die Veröffentlichung eines Textes oder Werkes nicht immer den Vorstellungen seines Urhebers entspricht. Vielfach liegen Texte auch dann in einer unzuverlässigen Textgestalt vor, wenn nach dem Tode eines Autors Familienmitglieder, Freunde und vom Autor noch beauftragte Personen unveröffentlichte Texte aus seinem Nachlaß herausgegeben haben und dabei die Manuskripte nicht korrekt entzifferten, willkürliche, häufig vom eigenen literarischen Geschmack bestimmte Anordnungsprinzipien entwickelten, Eingriffe in den Wortlaut für notwendig erachteten oder im Extremfall Texte absichtlich unterdrückten. Immer wieder sind dadurch Verzerrungen in der Rezeption entstanden und wurde falschen Autorbildern Vorschub geleistet.

Die Editionswissenschaft hat sich im Laufe der Zeit zu einer selbständigen philologischen Disziplin herausgebildet und eigene, manchmal sehr spezielle methodische und praktische Verfahren für die Edition von Texten entwickelt. Die Erarbeitung großer historisch-kritischer Ausgaben zeigt sehr deutlich den Fortschritt in der Editionswissenschaft, die damit einen substantiellen Beitrag zur philologischen Grundlagenforschung leistet. In den letzten Jahrzehnten sind für zahlreiche Autoren der deutschen Literaturgeschichte neue Gesamt- und Einzelausgaben erschienen, die durch die Präsentation historisch authentischer Texte und durch eine sorgfältige Kommentierung ihrer Überlieferung und Entstehung eine unverzichtbare Grundlage für die Textanalyse geschaffen haben. Dennoch muß selbstkritisch festgestellt werden, daß der Abstand zwischen diesen Editionen und ihren Benutzern zunehmend größer wird, daß viele Studierende und sogar Wissenschaftler mit den komplizierten editorischen Verfahren zur Darstellung einer Textgenese, mit der Verzeichnung von Varianten oder überhaupt mit Fragen der Überlieferung von Texten sowie mit den Prinzipien und Vorgehensweisen der Textkritik nicht mehr vertraut sind, obwohl diese Themen nach wie vor Bestandteil literaturwissenschaftlicher Einführungen im akademischen Unterricht sind bzw. sein sollten. Auch der Einsatz neuer Medien für die editorische Präsentation hat hier kaum Abhilfe geschaffen, sondern die Probleme eher vervielfacht. Erhard Weidl hat bereits 1975 selbstkritisch und nicht ohne Polemik festgestellt, daß die »Wirkung der Editionstechnik in ihrer Wirkungslosigkeit« (B 7: 1975, 192) bestehe.

Die vorliegende Einführung will sich bemühen, das nach wie vor bestehende Informationsdefizit über editorische Arbeit zu verringern und eventuellen Vorbehalten im Umgang mit kritischen Editionen zu begegnen. Es sollen daher nicht nur die Grundlagen editorischer Arbeit vorgestellt und an ausgewählten Beispielen erläutert werden, sondern es wird auch Wert gelegt auf eine Darstellung der unterschiedlichen methodischen Ansätze und ihrer daraus resultierenden praktischen Vorgehensweisen. Die inzwischen äußerst umfangreiche Forschungsliteratur wurde dazu gesichtet und ausführlich in die Darstellung eingearbeitet. Ein kommentiertes Verzeichnis wichtiger editorischer Fachbegriffe kann nur ein erster Versuch sein, dem nicht immer einheitlichen Gebrauch von Fachbegriffen entgegenzuwirken, und ist in erster Linie als Lesehilfe gedacht. Die Einführung konzentriert sich auf die Edition von Texten seit der Erfindung des Buchdrucks. Die kategorial unterschiedliche editorische Methodologie und Praxis bei der Edition antiker oder mittelalterlicher Texte wird nur hin und wieder zur Erläuterung der Unterschiede einbezogen. Ihre Darstellung würde eine selbständige Einführung notwendig machen; es liegen bereits entsprechende Arbeiten mit propädeutischem Anliegen vor (z. B. Maas, B 5: 1960; Hunger [u. a.], B 5: 1961; Bein, B 5: 1990; Pöhlmann, B 5: 1994).

1
Editionstypen und ihre Merkmale

Editionen gehören, welchen Anspruch sie auch immer haben, zu wissenschaftlichen Großunternehmungen, sind zeit-, arbeits-, personal- und kostenintensiv. Wegen ihres durchweg hohen wissenschaftlichen Standards sind sie spezialisierte Arbeitsinstrumente, die notwendigerweise immer nur spezifische Aufgaben erfüllen können. Daher ist es nicht verwunderlich, daß Editionen regelmäßig auf den kritischen Prüfstand gelangen. Schon 1921 hatte Georg Witkowski vor der Erwartung gewarnt, eine Edition könne allen möglichen Zwecken gleichzeitig dienen (B 7: 1921, 221). 1924 entwarf er dann eine Typologie von Editionen, die den unterschiedlichen Bedürfnissen und Kenntnissen der Benutzer entgegenzukommen versucht (B 5: 1924, 1–3), wobei er allerdings der Einlösung wissenschaftlicher Ansprüche eine Vorrangstellung einräumte. Die im deutschen Sprachraum miteinander konkurrierenden Editionen und Editionstypen sind zahlreich und ihr Anspruch, ihr Niveau und die sie unterscheidenden Merkmale nicht immer leicht zu erkennen. Die Argumente für eine Begründung dieser Vielfalt gehen aber bald aus, wenn man die wissenschaftliche Notwendigkeit von zwei historisch-kritischen Heine-Ausgaben oder von mehreren teilweise parallel erschienenen Goethe-Studienausgaben erläutern soll. Wissenschaftliche, verlegerische, wirtschaftliche und kulturpolitische Aspekte sind dabei zu berücksichtigen, die in ihrer Verflechtung den Ausgaben-›Dschungel‹ keineswegs durchschaubarer machen.

Die heutzutage vorgebrachten Bedenken richten sich zuerst gegen historisch-kritische Gesamtausgaben. Ihr Vollständigkeitsanspruch, ihre hochspezialisierten Darstellungsmethoden und ihre zunehmende Entfernung von einem breiteren, nicht-wissenschaftlichen Lesepublikum sind die immer wieder genannten Kritikpunkte. Dabei wird der historisch-kritischen Gesamtausgabe der Typus der Studienausgabe gegenübergestellt, die – so wird meistens vorausgesetzt – am ehesten den vielfältigen Anforderungen von unterschiedlichen Leserkreisen Rechnung tragen könnte. Unbestritten ist allerdings, daß jede Edition in erster Linie einen zuverlässigen Text zur Verfügung stellen soll, der die Grundlage jedweder historischen und interpretatorischen Betrachtung bildet. Dieser Konsens steht aber schon bald zur Disposition, wenn danach gefragt wird, wie ein den Text ergänzender Apparat beschaffen sein soll, welchen Umfang er haben darf und welchen wissenschaftlichen Ansprüchen er zu folgen hat. Die Beantwortung dieser Frage hat ein Spektrum von Ausgabentypen zum Ergebnis, die sich je nach Zielsetzung und Benutzerkreis durch Umfang und durch ein abgestuftes System von informierenden und dokumentierenden Anteilen unterscheiden (vgl. Meyer, B 5: 1992; Göttsche, B 7: 2000). Dadurch entsteht eine Hierarchie, an deren Spitze der Typus der historisch-kritischen Ausgabe steht, auf die untergeordnet und häufig von ihr »abgeleitet« (Kanzog, B 5: 1991, 185) die Studienausgabe und schließlich die Leseausgabe folgen (vgl. hierzu Simm, B 7: 1985). Daneben existieren verschiedene editorische Sonderformen wie Faksimile- oder Regestausgaben, die im folgenden in die Darstellung einbezogen werden.

Die historisch-kritische Ausgabe wurde als repräsentativster und wissenschaftlich qualifiziertester Editionstyp im 19. Jahrhundert erfunden und hat im 20. Jahrhundert ihre spezifische Ausprägung erhalten. In ihr spiegelt sich noch heute das kulturpolitische Anliegen, das Werk bedeutender Literaten, Musiker oder Philosophen in einer Gesamtausgabe zu erschließen und zu bewahren. Heutzutage wird aber nicht mehr nur das Gesamtwerk eines Autors in einer historisch-kritischen Ausgabe präsentiert, sondern auch die historisch-kritische Edition eines Einzelwerks oder einer exemplarischen Korrespondenz ist möglich. Solche Editionsprojekte befinden sich vielfach in der Obhut von bedeutenden nationalen Institutionen wie Akademien, Archiven oder Universitäten und erhalten eine finanzielle Förderung aus öffentlichen Mitteln.

Eine Verständigung darüber, was eine historisch-kritische Ausgabe als wissenschaftliches Ergebnis erzielen soll, ist schwierig (vgl. Kanzog, B 5: 1970, 25). Schon eine verbindliche Definition des Attributs »historisch-kritisch« liegt nicht vor. So bezeichnen sich die großen wissenschaftlichen Ausgaben zu Hofmannsthal und Kafka nur als »kritisch« oder lassen wie im Fall der Brandenburger Kleist-Ausgabe eine Bezeichnung absichtlich fort, ohne daß erläutert oder auf den ersten Blick erkennbar wird, worin sie sich dadurch von Ausgaben unterscheiden, die sich als »historisch-kritisch« verstehen. Siegfried Scheibe hat in einer ersten Annäherung an die Bezeichnung »historisch-kritisch« ausgeführt: »Vom Wort her scheint deutlich, daß die Ausgabe ›historisch‹ angelegt ist, wobei zunächst offenbleibt, ob damit eine chronologische Anordnung der Werke oder die Darstellung historischer Prozesse gemeint ist, ferner, daß die betreffenden Texte ›kritisch‹ behandelt werden, daß also mit mehr oder weniger eindeutig festgelegten Regeln der Text vom Editor ›hergestellt‹ oder ›richtiggestellt‹ wird« (B 7: 1971, 3). Scheibe räumt allerdings ein, daß damit nicht nur der Typus der historisch-kritischen Ausgabe charakterisiert ist, sondern auch andere, weniger umfangreiche Ausgaben vergleichbare Ziele verfolgen oder das ›Gütesiegel‹ »historisch-kritisch« zu Unrecht für sich in Anspruch nehmen. Die editorische Aufgabenstellung einer historisch-kritischen Ausgabe muß also aus methodischer Perspektive geklärt werden (vgl. Kraft, B 5: 1990, 12–17).

Texte sind historische Dokumente. Ihre Entstehung und die aus ihr resultierenden Ergebnisse müssen als ein historischer Prozeß beschrieben und fixiert werden. Diesen Entstehungsprozeß in seiner Komplexität aus historischen, biographischen oder poetologischen Komponenten möglichst umfassend zu dokumentieren und zu erläutern, ist ein wichtiges Ziel der historisch-kritischen Ausgabe. Dazu ist es notwendig, nicht nur sämtliche Materialien eines zu edierenden Werkes oder Textes zu sichten, sondern die Arbeitsstadien aus diesem Material zu ermitteln, diese zur Entstehung in Beziehung zu setzen und den zu rekonstruierenden Entstehungsprozeß in seiner ganzen Komplexität bis zu einer eventuellen Publikation zu verfolgen. Die so gewonnenen Materialien und Ergebnisse müssen anschließend für einen Leser, dem dieses Originalmaterial naturgemäß nicht vorliegt, in nachvollziehbarer Weise aufbereitet werden, um sie – in welcher Form auch immer – für eine weitere Beschäftigung verfügbar zu machen. Diese historische Sichtung des Entstehungsprozesses ist konkret auf das jeweilige Werk oder den jeweiligen Text bezogen, sie »muß es ermöglichen, die einzelnen Entstehungsphasen eines Werks konkret in die Lebensgeschichte des Autors und in die Zeitgeschichte einzufügen« (Scheibe, B 7: 1971, 6).

Die kritische Komponente einer historisch-kritischen Ausgabe ist ergänzend zur historischen Perspektive eine explizit textkritische. Sämtliche erhaltenen handschriftlichen oder gedruckten Textträger müssen »auf ihre Autorisation, auf ihre Bedeutung für die Textentwicklung des Werks geprüft und für die Edition ausgewertet werden« (Scheibe, B 7: 1971, 7). Die kritische Sichtung und Auswahl dieser Textträger zielt auf die Konstitution eines Edierten Textes und die Dokumentation der Textgenese in einem Apparat als Präsentation von Entstehungsstufen, Korrekturschichten oder varianten Textteilen verschiedener Fassungen. Kritisch ist aber auch die Untersuchung des zu edierenden Textes auf Fehler und deren Beseitigung.

Daraus resultieren folgende elementare Bestandteile einer historisch-kritischen Ausgabe:

(1) Präsentation der Texte, die ein Autor hinterlassen hat, in möglicher Vollständigkeit

(2) Präsentation aller zu einem Text erhaltenen oder erschließbaren Textträger in einer Form, die die Textentstehung nachvollziehbar macht
(3) Gleichberechtigte Wiedergabe aller Fassungen eines Textes oder Werkes, wobei allerdings eine oder u. U. mehrere Fassungen begründet als Edierter Text ausgewählt werden
(4) Nicht alle Text- oder Werkfassungen sind in ihrer vollständigen Textgestalt zu präsentieren, eine Verzeichnung ihrer Varianten in bezug auf den Edierten Text ist möglich
(5) Adäquate Wiedergabe der Textentstehung in einem genetischen Apparat
(6) Abdruck aller Materialien wie Notizen, Exzerpte oder Schemata, die als vorbereitende Arbeiten zu einem Text oder Werk dienten (Paralipomena)
(7) Beschreibung aller erhaltenen Textträger und erschließbar verlorenen Textträger hinsichtlich der Überlieferung des Textes oder Werkes
(8) Wiedergabe aller Dokumente zur Entstehung und Textgeschichte
(9) Erläuterung der Wirkungsgeschichte eines Textes oder Werkes zu Lebzeiten des Autors
(10) Kommentierung der Sachbezüge u. a. aus historischer, literar- und sprachhistorischer sowie biographischer Perspektive.

Eine Umsetzung dieses Aufgabenkatalogs läßt sich weitgehend in allen neueren historisch-kritischen Ausgaben wiederfinden. Die historisch-kritische Droste-Ausgabe z. B. dokumentiert und analysiert das zu einem Text oder Werk erhaltene Material in einem den Textteil separat begleitenden Apparatteil grundsätzlich, wenn auch mit der Möglichkeit der Modifikation im Einzelfall, in folgenden Rubriken: (1) Überlieferung; (2) Entstehung und Aufnahme; (3) Motive, Exzerpte und Notizen sowie Varianten der Entwürfe und anderer relevanter Textträger; (4) Begründungen zur Textgestaltung; (5) Erläuterungen.

Die »prinzipielle Einheit von historisch-kritischer Grundlagenforschung« (Kanzog, B 5: 1991, 185) und der auf sie zurückgreifenden Ausgaben ist das verbindende Element zwischen historisch-kritischer Ausgabe und Studienausgabe. Der Idealfall einer von einer historisch-kritischen Ausgabe direkt abgeleiteten Studienausgabe liegt in der Kleinen Stuttgarter Hölderlin-Ausgabe vor. Friedrich Beißner, der Herausgeber der historisch-kritischen Großen Stuttgarter Hölderlin-Ausgabe, verantwortete auch diese als Studienausgabe gedachte ›kleine‹ Edition, die z. B. die hochspezialisierten textgenetischen Apparate der ›großen‹ Ausgabe nicht mehr enthält. Finanziell erschwinglich lag damit auch für eine breite Leserschicht eine Hölderlin-Ausgabe vor, die damals einen – wenn auch heute revisionsbedürftigen – verbindlichen und nach textkritischen Prinzipien erarbeiteten Text zur Verfügung stellte. Mit ähnlicher Motivation verfährt heute der S. Fischer-Verlag mit der von ihm verlegten Kritischen Kafka-Ausgabe. Parallel zu den Text- und Apparatbänden dieser Edition bietet er preiswerte Einzelausgaben der Textbände an und verlegt inzwischen auch eine auf der kritischen Ausgabe basierende Taschenbuchausgabe des Gesamtwerks. Mit dem Ende der Schutzfrist (1994) sind eine Vielzahl von Einzel- und Sammelausgaben von Kafka-Texten in anderen Verlagen erschienen, die in ihrer Mehrheit auf die Textkonstitution der kritischen Ausgabe zurückgegriffen haben.

Zahlreiche wissenschaftliche Studienausgaben können nicht auf die Vorarbeiten einer historisch-kritischen Ausgabe zurückgreifen, sie leisten hin und wieder sogar – zu denken ist an die Kleist-Ausgabe von Helmut Sembdner oder die Fontane-Ausgabe im Aufbau-Verlag – editorische Pionierarbeit. Häufig können sie aufgrund ihres Anspruchs und ihrer Entstehungsbedingungen als in erster Linie kommerzielle Unternehmungen nicht sämtliche editorischen Anforderungen einlösen. Dennoch haben solche Ausgaben die Funktion von Interims-Ausgaben übernommen, bis eine endgültige Lösung der editorischen Probleme in einer historisch-kritischen Edition geleistet wird. Der Markt der Studien- und Leseausgaben bietet aber auch anders Geartetes. Eine Sichtung sämtlicher im Buchhandel erreichbaren Ausgaben von Goethes *Werther* zeigte beispielsweise, daß nicht immer auf eine vorhandene historisch-kritische Edition zurückgegriffen wurde, wodurch vielfach die historisch bedingten Textverderbnisse des *Werther*-Textes weitergegeben werden, ohne daß der Leser diese Problematik erkennt oder auch nur auf sie hingewiesen würde (vgl. Martens, B 7: 1991). Weit eher ist zu beobachten, daß viele Leseausgaben des *Werther* auf die seinerzeit verdienstvolle, allerdings in ihren editorischen Unzulänglichkeiten nur eingeschränkt benutzbare Hamburger Ausgabe von Goethes Werken unkritisch als Textvorlage zurückgegriffen haben.

Diese Licht- und Schattenseiten von Studien- und Leseausgaben lassen neben der Diskussion um ihre auf die Zielgruppe ausgerichtete Zweckmäßigkeit aber auch die Maßstäbe, die an diesen Editionstyp anzulegen sind, deutlich hervortreten: Vordringliches Ziel muß es sein, einen nach textkritischen Prinzipien verantworteten Text zu präsentieren. Dabei wird von einer Studienausgabe nicht eine vollständige Wiedergabe aller Textfassungen erwartet werden dürfen, obwohl dies im Einzelfall – zu denken ist an Gottfried Kellers *Grünen Heinrich* oder die Prosa- und Versfassung von Goethes *Iphigenie* – zu erwägen wäre. Das Prinzip der Vollständigkeit muß einer historisch-kritischen Ausgabe überlassen bleiben, eine Studienausgabe verfährt immer selektiv. Als deren Kernstücke sind immer wieder die den Text begleitenden Kommentare hervorgehoben worden. Ihr Ziel ist anders als in einer historisch-kritischen Ausgabe im weitesten Sinne texterschließend, wobei der analytisch-deutende Aspekt stärker in den Vordergrund treten kann. Der Kommentar einer Studienausgabe ist stets integraler Bestandteil dieses Editionstyps, er beschränkt sich nicht auf die erläuterungsbedürftigen Sachbezüge zur Erhellung des unmittelbaren historischen Textumfelds, sondern kann Hinweise auf das aktuelle Textverständnis oder konkurrierende Interpretationsansätze geben.

Während die Problematik der Textkonstitution in Studienausgaben erkannt ist und die Prinzipien ihrer Kommentare in der gegenwärtigen Diskussion durchaus konsensfähig sein können, sind die modernisierenden Eingriffe in Orthographie und Interpunktion historischer Texte nach wie vor umstritten. Als 1985 der Deutsche Klassiker Verlag als Richtlinie für die neue Bibliothek deutscher Klassiker festlegte: »Texte aus dem Zeitraum 1700 bis 1900 werden im Regelfall orthographisch modernisiert, d. h. der jetzigen Schreibweise angepaßt. [...] In den Lautstand wird nicht eingegriffen« (Honnefelder, B 6: 1985, 314), entbrannte erneut eine Auseinandersetzung um die Textgestalt in Studienausgaben. Die renommierten Studienausgaben des Hanser- oder des Winkler-Verlags hatten schon früher wesentlich konsequenter – und keineswegs unumstritten – als orthographische Norm den Duden festgelegt. Die Befürworter einer ›behutsamen‹ Anpassung historischer Texte an gültige Orthographie- und Interpunktionsregeln betonen stets, daß auf diese Weise die Bereitschaft zur Lektüre (und damit die Verkäuflichkeit solcher Ausgaben) gefördert werde. Die Gegner jedweder Modernisierung führen als Argument an, die Beibehaltung einer ›alten‹ und fremden Orthographie und Interpunktion sei als ein Signal für ein spezifisch historisches Verständnis klassischer Texte zu betrachten (vgl. Oellers, B 7: 1982; Zeller, B 7: 1985). Auch das unter Gegnern und Befürwortern einer modernisierenden Textanpassung unumstrittene Prinzip der Bewahrung eines historischen Lautstandes führte immer dann zu Kontroversen, wenn Regeln diskutiert wurden, die unangemessene Eingriffe verhindern sollten. Die Verfahrensweisen bei der Lautstandbewahrung in Studienausgaben sind uneinheitlich und in vielen Fällen nicht akzeptabel, weil sie die sinntragende Funktion historischer Lautformen oftmals verwischen und damit den Text in seiner originalen Gestalt überfremden (Beispiele bei Woesler, B 7: 1986; Zeller, B 7: 1990). Immerhin hat sich mit dieser Diskussion, die vor dem Hintergrund der Rechtschreibreform neuerliche Nahrung erhalten hat, die wissenschaftliche Relevanz solcher Modernisierungseingriffe erwiesen, wodurch die ›kulturpflegerische‹ Funktion editorischer Tätigkeit wieder stärker in das öffentliche Bewußtsein gerückt wurde.

So wie die Editionswissenschaft ihre Perspektive in methodischer und praktischer Hinsicht weitgehend an Beispielen von Autoren nach 1750 entwickelt hat, hat sie auch nur am Rande die Überlegungen zu Ausgaben von Texten der Frühen Neuzeit zur Kenntnis genommen. Nicht nur wissenschaftsgeschichtliche Faktoren oder Fragen der Periodisierung der deutschen Literaturgeschichte waren dafür verantwortlich, sondern weitaus häufiger die »typischen Überlieferungsverhältnisse« (Zeller, B 7: 1975, 122f.). Dennoch hat sich neben der Methodologie für die Edition mittelalterlicher Texte eine weitere für den literarischen Zeitraum von 1400 bis 1700 als Bindeglied zwischen den beiden editorischen Schulen der Mediävistik und Neugermanistik herausgebildet und beachtenswerte Konzepte erarbeitet. Sicherlich stehen alle editionstheoretischen und -praktischen Bemühungen für die Edition von Texten der Frühen Neuzeit zunächst einmal vor dem Problem, die gewaltigen Lükken in der Textversorgung mit wissenschaftlich fundierten, gleichzeitig aber vom Aufwand her vertretbaren Editionen zu schließen (vgl. Seelbach, B 7: 2000). Die Verluste und Zersplitterungen, die durch die Weltkriege des 20. Jahrhunderts in den Beständen der europäischen Bibliotheken gerade für diese Epochen entstanden sind, machten die Recherche nach Originalen und deren bibliographische Erfassung zu einer vorrangigen Aufgabe. Daß bei diesen Erschließungsarbeiten auch neue, bislang unbekannt gebliebene und zudem nur als Unikat erhaltene Texte aufgefunden wurden, vergrößerte die Bedeutung der Edition für die Textdokumentation: »Insofern rechtfertigen sich die einschlägigen Editionsprogramme nicht so sehr aus ästhetisch-philologischen Belangen, sondern in erster Linie aus Gründen der Textdokumentation« (Roloff, B 7: 1987, 17). Daneben macht die Frühe Neuzeit, in der das 16. und 17. Jahrhundert ohne Zweifel einen Schwerpunkt bilden, variable Editionsprinzipien notwendig, die sich an den unterschiedlichen Gattungen und Textsorten orientieren und literarische und gebrauchsabhängige Texte zumeist für ein und denselben Autor gleichermaßen berücksichtigen. Hinzu kommt bei zahlreichen Autoren das Problem der Zweisprachigkeit (deutsch/lateinisch). Hans-Gert Roloff hat bereits 1972 gefordert, die Edition von Texten der Frühen Neuzeit benötige einen »textindividuellen« Spielraum, der jedoch nicht mit der »herausgeberindividuellen« Editionspraxis im 19. Jahrhundert verwechselt werden dürfe (B 7: 1972, 28 f.). Im Vergleich zur Methodologie der neugermanistischen Edition läßt sich für die Literatur der Frühen Neuzeit häufig nicht zwischen Entstehungs- und Überlieferungsvarianten unterscheiden (vgl. Roloff, B 7: 1992a), das Prinzip der Autorisation versagt weitgehend, da zumeist nicht zu entscheiden ist, in welchem Maß der Autor an der Veröffentlichung eines Textes beteiligt war und inwiefern ein gedruckter Text durch Eingriffe Dritter in seiner Gestalt überfremdet ist. Als paradigmatisch für diese Probleme kann der Streit um die Auswahl der Textgrundlage aus dem Corpus der überlieferten Drucke von Grimmelshausens *Simplicissimus* angesehen werden. Die Antwort auf die Frage nach der Autorisation oder nach der »Echtheit« einer Fassung ist für diese Epoche wesentlich schwieriger, da sie »die Vorstellung einer integralen Unantastbarkeit der Texte nicht kennt« (Tarot, B 7: 1984, 709).

Der Zahl von *Ab*schriften der mittelalterlichen Literatur steht die Zahl von erlaubten und unerlaubten *Ab*drucken von Texten der Frühen Neuzeit keineswegs nach (vgl. Tarot, B 7: 1971, 371). Der Mangel an handschriftlich überliefertem Material darf aber in methodischer Hinsicht nicht zu Fehlschlüssen verleiten: Der Versuch, den verlorenen Autortext etwa in Form einer nicht erhaltenen Druckvorlage mit Hilfe textkritischer Verfahren zu rekonstruieren, ist als ebenso problematisch anzusehen wie die generelle, unkritische Favorisierung und editorische Kanonisierung einer »editio princeps« als des den Autorwillen repräsentierenden Erstdrucks, der möglicherweise weniger Verwitterungen ausgesetzt ist als spätere Drucke (vgl. Roloff, B 7: 1972, 30 f.). Ohne auf einzelne editorische Entscheidungen, wie sie in den Ausgaben von Gryphius, Grimmelshausen, Opitz oder Lohenstein in textkritischer Hinsicht getroffen worden sind, eingehen zu können, soll an dieser Stelle zumindest angedeutet werden, in welche Richtung sich die Edition von Texten der Frühen Neuzeit entwickelt und welche Editionsformen sie dabei favorisiert hat. Es liegt in der Natur der Sache, daß die Editoren der frühneuzeitlichen Literatur auch mit grundsätzlichen Problemen der Vereinheitlichung ihrer Verfahren und Darstellungsweisen beschäftigt sind. Fragen, in welchem Maß die Beschreibung der Textträger zu leisten, nach welchen Kriterien die Siglierung der Drucke vorzunehmen, nach welchen Gesichtspunkten das Variantenmaterial aufzubereiten oder ob und wie ein normierender Eingriff in das epochenbedingte Chaos von Orthographie und Interpunktion zu rechtfertigen sei, gehören zu den immer wieder diskutierten Problemfeldern (vgl. insgesamt Mundt/Roloff/Seelbach, B 6: 1992). Auch die Auflösung des Fraktursatzes in einen heute üblichen Antiquasatz ist dabei von editorischer Bedeutung, weil eine Einebnung typographischer Besonderheiten (Fremdwörter, Virgeln) auch mit einer Sinnverlagerung einhergehen kann.

Den wohl deutlichsten Erfolg, in kurzer Zeit die Lücke von Texteditionen zu schließen, haben um editorische Berichte und erläuternde Beigaben erweiterte Reprint-Ausgaben gebracht, ein Editionstyp, der sich insbesondere aus Kostengründen gegenüber dem in jeder Hinsicht aufwendigeren Neudruck-Verfahren durchgesetzt hat. Im Zeitraum 1960–86 sind etwa 45 % der edierten Titel als Reprint erschienen. Neben dem Reprint wurde aber auch die im 19. Jahrhundert begründete Tradition der wissenschaftlichen Textreihen speziell zur Literatur des 15. bis frühen 18. Jahrhunderts fortgesetzt, erneuert und erweitert (Roloff, B 7: 1987, 28 f.). Aber auch die Neuausgabe des Gesamtwerks eines einzelnen Autors ist im Bereich der Edition von frühneuzeitlichen Texten ebenso möglich wie die Edition von exemplarischen Einzeltexten im Reclam-Verlag mit dem Ziel einer breiteren Popularisierung der Epoche.

Während die Faksimilierung mittelalterlicher Handschriften im Hinblick auf editorische Fragestellungen eine lange und anerkannte Tradition hat, entstand erst allmählich ein Interesse an Faksimiles von Handschriften der neueren Literaturgeschichte. In dem Maße, wie die Preise für Autographen anstiegen und Handschriften zu einem Anlageobjekt wurden, stieg auch ein historisch-bibliophiles Interesse an Faksimiles von Dichterhandschriften. So gibt das Deutsche Literaturarchiv regelmäßig Faksimiles von Einzelhandschriften oder Handschriftenkomplexen heraus, meistens mit einem Kommentar versehen, der text- und entstehungsgeschichtliche Zusammenhänge erläutert. Über das bibliophile Interesse an Faksimiles geriet allerdings oft in Vergessenheit, daß die Handschrift eigentlich nur Träger eines Textes ist und daher nicht jeder »auch noch so unkontrollierte, eigenhändige Schnörkel von einem der ›Großen‹« so stilisiert werden sollte, als trüge er das »Stigma des Unverwechselbaren, Individuellen, Weihevollen« (Weidl, B 5: 1974, 7). Die Editionswissenschaft war sich immer dessen bewußt, daß jeder Editor oder Leser auf die Originalhandschrift zurückgreifen muß, wenn er »die äußerste Sicherheit haben will« (Killy, B 7: 1959, 409). Allerdings war diese Feststellung kein Plädoyer für das Faksimile als Editionsersatz, sondern sie wollte nur daran erinnern, daß die Konstitution eines Edierten Textes oder die Darstellung seiner Genese immer nur eine Rekonstruktion dessen bliebe, was ein analytischer Geist aus den erhaltenen Spuren in Handschriften, Typoskripten und Drucken zu ›deuten‹ versucht hatte. Auch Hans Zeller sah in Handschriftenfaksimiles keinen Editionsersatz und kein Editionskorrektiv, sondern verstand sie als Ergänzung bei der Umsetzung schwieriger handschriftlicher Befunde: »Bei komplizierten Verhältnissen macht die Reproduktion die ausführliche Darstellung nicht überflüssig, sondern erfordert sie gerade, als Interpretation und als Dokumentation« (B 7: 1971, 83 f.). Auch Karl Konrad Polheim betonte in seiner Edition von Eichendorffs *Taugenichts* den ergänzenden dokumentarischen Charakter von Handschriftenreproduktionen und formulierte programmatisch: »Ein Faksimile ist freilich keine textkritische Leistung« (B 5: 1989, 1, 5). Allerdings kann diese Ansicht seit dem Erscheinen der Frankfurter Hölderlin-Ausgabe (1975 ff.) nicht mehr als allgemeingültig betrachtet werden. Hatte der Herausgeber D. E. Sattler zunächst – entsprechend dem Votum Zellers – nur die »Wiedergabe aller problematischen Handschriften« vorgesehen, um dem Leser die »Überprüfung des Wortlauts, der Textentstehung und des Textzusammenhangs« (Einleitungsband, 1975, 18) zu ermöglichen, wurde die Handschriftenreproduktion bald auch in unproblematischen Fällen zum Prinzip der Edition erhoben, wobei der Auffassung Vorschub geleistet wurde, »Handschriften-Reproduktionen seien aussagekräftiger als textkritische Apparate« (Kanzog, B 7: 1984, 281). Schon die 1981 von Gerhard Schmid vorgelegte Faksimileausgabe der *Woyzeck*-Handschrift, die von einer weitgehend diplomatischen

Transkription mit der Wiedergabe von Varianten und einem ausführlichen editorischen Kommentar begleitet wurde, fand nicht die ungeteilte Zustimmung der Editoren. Der problematische Zustand der Handschrift, die nach unzulänglichen Restaurierungsversuchen zahlreiche Beschädigungen aufweist, die Schwierigkeiten, in vielen Fällen eine eindeutige Entzifferung von Büchners Handschrift zu leisten, besonders aber die problematische Abfolge der Doppel- und Einzelblätter und die aus diesen Faktoren resultierende editorische Unsicherheit in sämtlichen seinerzeit verfügbaren *Woyzeck*-Editionen ließen ein Faksimile der Handschrift geboten erscheinen (vgl. hierzu Kanzog, B 7: 1984). Wie in kaum einer *Woyzeck*-Edition zuvor wurden mit der Faksimileausgabe unsichere Lesungen und die Rekonstruktion der Szenenfolge dieses unvollendeten Theaterstücks offengelegt. Bis zur Neuedition des *Woyzeck* in der Marburger historisch-kritischen Büchner-Ausgabe (2005) stand damit ein vorläufiger Text zur Verfügung, der den Schritt zur Textkonstitution bewußt noch nicht vollzogen hat, aber die ›Urkundlichkeit‹ der Handschrift durch deren Reproduktion bewahrt.

Die Frankfurter Hölderlin-Ausgabe initiierte weitere Ausgaben, in deren Mittelpunkt das Handschriftenfaksimile steht. Die Brandenburger Kleist-Ausgabe und die Historisch-kritische Ausgabe sämtlicher Handschriften, Drucke und Typoskripte Franz Kafkas versuchen mit der Faksimileausgabe einen neuen Editionstyp zu begründen, der sich bewußt diametral zu traditionellen editorischen Formen und Verfahren verhält und in erster Linie dokumentierenden Charakter hat. Dagegen liegen mit der Innsbrucker Trakl- und der Marburger Büchner-Ausgabe zwei Editionen vor, in denen das Faksimile als unterstützendes Medium für eine Edition verwendet wird, um den Entstehungszusammenhang von Textfassungen auch in seiner optischen Dimension deutlicher hervorheben zu können.

In den letzten Jahren ist insbesondere für die Edition von Briefen eine editorische Sonderform entwickelt worden: die Regestausgabe. Nachdem erkannt worden war, daß die häufig umfangreichen, vielfach unedierten Korrespondenzen weder in größtmöglicher Vollständigkeit noch nach Prinzipien für Ausgaben literarischer Werke ediert werden können, suchte man seit den fünfziger Jahren nach einer Editionsform, die das Material wenigstens systematisch erschließt, ohne daß ein vollständiger Textabdruck nötig wurde. Das in der Mediävistik und der Geschichtswissenschaft ausgebildete und gebräuchliche Mittel des Regests gelangte in das Blickfeld der germanistischen Editoren. Ein Regest wird in der Geschichtswissenschaft als »Zusammenfassung des Inhalts einer Urkunde« verstanden, die »durch ihre Beschreibung und gegebenenfalls durch Anmerkungen« ergänzt wird: »Es soll einen Vollabdruck ersetzen und muß deshalb alles Wesentliche, wenn auch in knappster Form, vor allem alle Namen, enthalten« (Heinemeyer, B 7: 1965, 2). Von der Regestedition versprach man sich insbesondere die Handhabung umfangreicher Briefnachlässe. Pilotfunktion bei der Realisierung dieser Editionsform übernahm einmal mehr die Goethe-Edition. 1960 erläuterte Karl-Heinz Hahn erstmals den Plan einer Regestausgabe sämtlicher an Goethe gerichteten Briefe. Etwa 20 000 Briefe an Goethe haben sich erhalten, die in einer Edition mit vollständigem Textabdruck etwa 50 Bände füllen würden. Die seit 1980 erscheinende Regestausgabe der Goethe-Anbriefe wird voraussichtlich 14 Bände umfassen. Sie erschließt nicht nur durch ein entsprechendes Referat den Inhalt dieser Briefe, sondern gibt auch nach einem einheitlichen Schema Informationen über den Briefschreiber, Ort und Datum des Briefes und dessen Überlieferung. Sie listet eventuell erfolgte Drucke auf und vermerkt die Bezugs- oder Antwortbriefe Goethes. Die Zusammenfassung des Briefinhalts berücksichtigt schwerpunktmäßig Personen, erwähnte Werke oder wichtige historische Ereignisse. Verschiedene Register erschließen die Informationen zusätzlich (zu den Prinzipien der Regestierung vgl. Steinecke, B 7: 1982; Schmid/Henke, B 7: 1986; Koltes, B 7: 1993). Modifiziert wurden diese Prinzipien in der Regestausgabe der Briefe Thomas Manns. Auch hier bot sich die Regestedition an, um die Materialmasse (etwa 14 000 bislang bekannte Briefe) zu bewältigen. Erwogen, jedoch nicht umgesetzt wurde das gleiche Verfahren auch für die rund 10 000 bekannten Briefe Hugo von Hofmannsthals. So notwendig und verdienstvoll die Erschließung einer Korrespondenz in einer Regestedition auch ist, die Grenzen dieser Editionsform werden erkennbar, wenn man bedenkt, daß die Briefe Hofmannsthals oder Thomas Manns auch als »integrale Teile des Werkes« angesehen worden sind und ihre »Komposition, Sprache und Stil« durch die Regestenform, die naturgemäß das »Inhaltlich-Faktische« betont, nicht erfaßt werden kann (Steinecke, B 7: 1982, 205). Dies kann nur ein Textabdruck leisten.

2
Editionswissenschaft: zur Geschichte einer ›jungen‹ Disziplin

Bereits 1977 hatte Gerhard Seidel festgestellt: »Die Tendenzen der gegenwärtigen Edition werden erst mit dem Blick auf ihre Geschichte erkennbar« (B 7: 1977, 15). Diese Perspektive erschließt und beschreibt nicht nur die Editionswissenschaft im Kontext der allgemeinen Wissenschaftsgeschichte der Germanistik (vgl. Oellers, B 7: 1996; Plachta, B 4: 2001, 2003; Roloff, B 4: 2003; Nutt-Kofoth, B 4: 2005; Nutt-Kofoth/Plachta, B 4: 2005). Sie markiert insbesondere einen methodischen Paradigmenwechsel in der strikten Trennung von Editionsverfahren für mittelalterliche Texte und für Texte, die nach der Erfindung des Buchdrucks überliefert sind. Manfred Windfuhr hat daher von zwei wesentlichen »Gründerzeiten« in der deutschen Editionswissenschaft gesprochen und sie zwischen 1880 bis 1914 und nach 1945 angesetzt (B 7: 1957, 427). In der ersten Phase wurde die eng mit dem Namen Karl Lachmann verbundene Übertragung altphilologischer Ziele und Verfahren für die Edition neuerer Texte revidiert. Zunächst wurden altphilologische Verfahren relativ ungeprüft auf neuphilologische Texte übertragen. Erst allmählich wurde auch nach der Funktion von bislang weitgehend nur mechanisch angehäuften Varianten für den Schreibprozeß des Autors selbst gefragt. Der Editor von antiken oder mittelalterlichen Texten kann nicht auf einen vom Autor herrührenden ›Original‹text zurückgreifen, sondern er unternimmt es nach Lachmannschen Vorgaben, diesen aus den oftmals über Jahrhunderte hinweg überlieferten, häufig fehlerhaften oder willkürlich veränderten Abschriften zu rekonstruieren und nach textkritischen Gesichtspunkten herzustellen. Dagegen sind die Texte von Autoren der neueren Literaturgeschichte häufig in der von ihnen gewollten Form direkt überliefert, zusätzlich liegen originale Handschriften vor, die die Entstehung des Textes etwa von einer ersten Notiz über Entwürfe bis zu reinschriftlichen Druckvorlagen dokumentieren. Die aus dieser unterschiedlichen Textüberlieferung resultierende methodische Differenzierung in Überlieferungs- und Entstehungsvarianten trennte nicht nur die Editionswissenschaft in zwei unterschiedliche Arbeitsgebiete, sie schuf überhaupt erst die Grundlage für die Entwicklung eines wissenschaftlichen Apparats zur Dokumentation textgenetischer Entwicklungen und damit ein riesiges Aufgabenfeld für neuphilologische Editoren (vgl. Nutt-Kofoth, B 7: 2003).

Doch die Erkenntnis, das in Drucken oder Handschriften überlieferte Werk eines Autors repräsentiere in bedeutsamer und jeweils am Einzelfall zu überprüfender Form die Textgeschichte und ihre dabei entstehenden Verwitterungen, hatten bereits Johann Jakob Bodmer und Johann Jakob Breitinger 1745 in der (unpaginierten) Vorrede zu ihrer Edition der *Gedichte* von Martin Opitz festgehalten:

> Die Classischen *Variantes* sind bloß Fehler der Abschreiber, oder gelehrte Muthmassungen der Ausgeber, und diese sind durch den dunckeln Fleiß der letztern so starck gehäuft worden, daß man jetzo die allerersten Auflagen der Classischen Autoren für die correctesten hält, weil sie am wenigsten corrigiert worden.

Demgegenüber unterschieden Bodmer und Breitinger »würckliche Schreibarten des Verfassers, welche er aus besondern Ursachen von Zeit zu Zeit verändert hat« und die »den Wachsthum, den Opitz in seiner Kunst […] von Zeit zu Zeit genommen hat«, anschaulich dokumentieren könnten. Die Vorstellung vom authentischen Werk und damit die Bedeutung von Fassungen als Zeugnis ästhetischer und poetischer Leistung betonte auch Goethe 1795 in seinem Aufsatz *Literarischer Sansculottismus* mit Blick auf Wieland, wenn er von den »stufenweisen Correcturen dieses unermüdet zum Bessern arbeitenden Schriftstellers« (WA 1,40,210) spricht (zur Geschichte wissenschaftlichen Edierens vor 1800 vgl. Timpanaro, B 5: 1971, 1–25; Hurlebusch, B 7: 1996, 473–477).

Lachmanns Verdienst hatte nun darin bestanden, die bislang gültigen textkritischen Verfahren zu präzisieren. Ziel seiner Untersuchungen der verschiedenen Abschriften, durch die ein antiker oder mittelalterlicher Text überliefert war, sollte eine möglichst große Annäherung an das nicht erhaltene Original sein, ein Ziel, das bereits die Editoren des Humanismus verfolgt hatten. Die Methode, Textzeugen einer strengen Musterung (*recensio*) zu unterziehen, um dadurch die Fehler und Fremdeingriffe zu bestimmen und später zu beseitigen (*emendatio*) sowie die überlieferten Handschriften nach dem jeweiligen Grad ihrer Autorisation zu ordnen und in einer chronologischen Abfolge entsprechend ihrer jeweiligen Verwandtschaft (Stemma) darzustellen, schien Lachmann universell anwendbar und jedem textlichen Sachverhalt angemessen zu sein (vgl. Bein, B 5: 1990, 17–22). Dieses methodische Selbstvertrauen zeigt sich allein schon in Lachmanns eigener Editionstätigkeit, die von der Bibel, Properz und Lukrez über die mittelalterliche deutsche Literatur (*Nibelungenlied, Klage, Iwein,* Gedichte Walthers von der Vogelweide und das Werk Wolframs von Eschenbach) bis zu einer Ausgabe von *Lessings sämmtlichen Schriften* (1838–40) reichte. Lachmann ging es bei der Lessing-Edition zunächst darum, alle Texte des Autors zu erfassen, zu ordnen und zu ›restaurieren‹, und weniger darum, alle aus diesem Material erschließbaren, während der Textgenese entstandenen Varianten zu verzeichnen; Lachmann begnügte sich mit punktuellen Hinweisen auf die Existenz solcher Varianten. Dennoch wurden alle Abweichungen der verschiedenen Drucke zu Lebzeiten des Autors vollständig angegeben, ohne das Augenmerk darauf zu richten, ob es sich um Unterschiede im Wortlaut handelte, die zufällig oder auf Veranlassung des Autors zustande gekommen waren. Die Textgestalt war für Lachmann keine ›offene‹, von ihrem historischen Eigenwert bestimmte Größe, die Arbeit des Philologen »wird zum Dienst am Autor, dessen Werk und Persönlichkeit von der Patina und den Schlacken der Überlieferung gereinigt, in möglichst makellosem Glanz erstrahlen sollen« (Janota, B 6: 1980, 35). Die Anwendung altphilologischer Textkritik auf einen Autor der Neuzeit – hier Lessing – etablierte im Ergebnis die Germanistik als philologische Disziplin und wirkte in gewisser Weise kulturpatriotischen Konzepten entgegen, wie sie etwa von Jacob Grimm vertreten wurden (vgl. ebd., 34–36).

Auf das methodische Konzept Lachmanns beriefen sich mehr oder weniger zwei für die Geschichte der Edition bedeutsame und folgenreiche historisch-kritische Ausgaben: die von Karl Goedeke besorgten *Sämmtlichen Schriften* Schillers (1867–76) und die Weimarer Ausgabe von Goethes Werken (1887–1919). Goedekes Verfahren war trotz aller historischen Zielsetzung, Schillers Werke »nach der Zeit der Entstehung« zu präsentieren, ein poetologisches: »Das Studium dieser Papiere stellte fest, dass dieselben [...] für den aufmerksam Folgenden lehrreicher sein müssen, als alle theoretischen Anweisungen zu Dichtkunst, die von fertigen Kunstwerken abstrahiert« (15.2,VI f.) sind. In der Weimarer Ausgabe von Goethes Werken haben die Editoren ein anderes autorspezifisches »Leitbild« (Hurlebusch, B 7: 1986, 10) konzipiert. Ziel war es nicht, wissenschaftliche Beigaben in Form von Variantenapparaten oder einer Aufschlüsselung der Überlieferung zu erarbeiten. Das Augenmerk galt der Rekonstruktion einer Werkgestalt, die der Autor als die letztendliche begriffen und die er in einer Vollständigen Ausgabe letzter Hand (1827–30) der Öffentlichkeit als Vermächtnis übergeben hatte. In die Nähe der Lachmann-Schule rückt den formalisierten und selektiven Umgang mit Textträgern höchstens das formal angewandte

Verfahren, aus dem Corpus der Überlieferung auch diejenigen Textträger im Apparat zu berücksichtigen, die nicht zur Konstitution des Textes herangezogen wurden. Die Weimarer Ausgabe hatte weder die Klassifikation der Varianten noch die Dokumentation des Entstehungsprozesses eines Textes im Blick; das Ergebnis ging über eine oberflächliche Revision der Texte nicht hinaus.

Der erste Editor in der Nachfolge Lachmanns, der das an der Altphilologie orientierte Verfahren der Variantenverzeichnung als »verhängnisvoll« erkannte, war Reinhold Backmann, Mitherausgeber der historisch-kritischen Grillparzer-Edition (B 7: 1924, 629). Backmann forderte einen Apparat, der die früheren Fassungen eines Textes »gleichwertig und gleichberechtigt neben die Schlußgestalt« des Edierten Textes stellte (ebd., 637). Gleichzeitig verwarf er die Dokumentation autorfremder Varianten, die für die Edition antiker bzw. mittelalterlicher Texte zwar bedeutsam ist, aber seiner Meinung nach keine Aussage über die »Entwicklung« des Werks machten. Autorfremde Varianten werden im altphilologischen Apparat deshalb verzeichnet, weil man eben nicht sicher sein kann, ob sie autorfremd sind; in der neuesten altgermanistischen Editionswissenschaft ist das Unternehmen einer Rekonstruktion autorisierter Texte z. T. grundsätzlich aufgegeben worden zugunsten einer Edition historisch wirksamer Texte und Textfassungen, wobei Varianten – ganz gleich, von wem sie stammen – entscheidende Kriterien bieten. Es ging Backmann aber im wesentlichen nicht um die Aufschlüsselung von Abhängigkeiten einzelner Handschriften, sondern vielmehr darum, dem Benutzer eine Möglichkeit der Übersicht über die Textentstehung zu geben. Backmanns Editionsversuch blieb unbefriedigend, weil sein mechanisches Verfahren der Variantenverzeichnung das in den Handschriften überlieferte Variantenmaterial aus dem umgebenden Textzusammenhang löste, geschlossene Textstufen in Einzelteile zerstückelte und den Entstehungsprozeß soweit atomisierte, daß ohne Hinzuziehung des Autographs das so erarbeitete Material ohne Aussage blieb. Dennoch hat Hans Zeller Backmanns Überlegungen (neben denen von Georg Witkowski) als die entscheidende theoretische Weiterentwicklung auf dem Gebiet der autorbezogenen Variantenwiedergabe ausdrücklich gewürdigt (Zeller, B 7: 1989, 4). Es bedeutete einen entscheidenden Fortschritt, daß Witkowski sich um die Erarbeitung methodisch »fester Grundsätze« (B 5: 1924, 3) für die Textkritik und Variantenwiedergabe bemühte, die nicht spezifisch für den Einzelfall waren, sondern nur eine Unterscheidung nach Ausgabentypen kannten. Die so gewonnene Praxis der Variantendarstellung war für Friedrich Beißner Anlaß, seine erstmals 1938 an Wieland-Handschriften erprobten Überlegungen zu präzisieren. Beißner (B 7: 1958) griff dabei ein schon von Witkowski (B 5: 1924, 36 f.) herangezogenes Beispiel aus Goethes *Leiden des jungen Werthers* (handschriftliche Vorlage der Druckfassung von 1789/90) auf, um zu zeigen, daß eine Reduktion des Apparates auf »wesentliche Varianten« (Witkowski B 5: 1924, 96) verhängnisvolle Folgen haben könnte. Folgender Text findet sich in der Handschrift:

> Ich bitte dich lieber Wilhelm, es war gewiß nicht auf dich geredt, wenn ich die Menschen unerträglich schalt die von uns Ergebung in unvermeidliche Schiksale fordern.

Goethe hatte in dieser von einem Schreiber angefertigten Niederschrift eigenhändig »Ergebung« aus »Ergebenheit« und »unvermeidliche« aus »unvermeidlichem« korrigiert (vgl. WA I,19,378). Witkowski sah beide Eingriffe Goethes allerdings als Korrekturen von Schreibfehlern an und schloß deren Berücksichtigung im Apparat aus. Dieses mechanische Verfahren der Variantenauswahl übersah jedoch, daß beide Korrekturen nicht isoliert voneinander entstanden sind, vielmehr »organische Texteinheiten« (Beißner, B 7: 1958, 14) früherer Provenienz bildeten und daher als

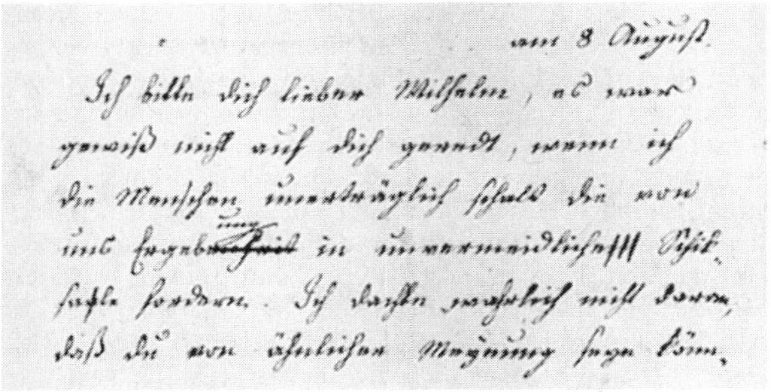

Druckvorlage zu Goethes *Leiden des jungen Werthers* (Fassung von 1789/90), Schreiberabschrift mit eigenhändigen Korrekturen Goethes

solche keineswegs auszusondern waren. Obwohl die praktischen Versuche Backmanns und Witkowskis in eine Sackgasse führten, war das Problem methodisch umrissen, die Darstellung der Textentwicklung als originäre Aufgabe des Editors zu verstehen und damit den Apparat samt den durch ihn dokumentierten früheren Textfassungen zu einem Partner des Edierten Textes zu machen.

Den wichtigsten Schritt, diese Forderung in einen aussagekräftigen Apparat umzusetzen, machte Beißner mit der Großen Stuttgarter Hölderlin-Ausgabe (1943–85), einer Edition, in deren Prinzipien »der entscheidende Durchbruch« (Zeller, B 7: 1989, 6) der Apparatgestaltung und zunächst das absolute Muster kritischer Textausgaben gesehen wurde (vgl. auch Oellers, B 4: 1996, 111). Methodisch waren Beißners Überlegungen bereits durch Bernhard Seufferts *Prolegomena zu einer Wieland-Ausgabe* (B 5: 1904–41) vorbereitet worden. Dessen Forderung, das Variantenverzeichnis müsse in der »Darstellung der Fort- und Umbildung des Textes« (ebd., 2,60) bestehen, wobei zusammenhängende Korrekturvorgänge auch in ihrer Komplexität wiedergegeben werden müßten, verhallte weitgehend ungehört. Was hier als methodische Forderung formuliert wurde, stellte sich jedoch in der Editionspraxis insofern als Problem dar, als es nicht immer einfach ist, aus den häufig nur schwer lesbaren Dichterhandschriften mit ihrem räumlichen Durcheinander auf dem Manuskript ein chronologisches Nacheinander der Textentstehung zu rekonstruieren. Beißners Verfahren soll im folgenden an einem Beispiel aus Hölderlins Gedicht *Die Eichbäume* (V. 8) erläutert werden (SHA 2.1,201; vgl. Woesler, B 5: 1967, 7f.). Dabei gilt als Leseregel, daß die Textstufe (2) die Textstufe (1) aufhebt; ebenso gilt, daß (a) durch (b) verworfen ist (ebenso α durch β), ohne daß dies durch ein Zeichen besonders markiert würde. Als endgültiger Text ist demnach zu lesen: »Und noch drängt ihr euch muthig und frei aus der kräftigen Wurzel«.

(1)	Um				
(2)	Und	(*a*)	ihr drängt euch		
		(*b*)	noch drängt ihr euch	(*α*)	trotzig
				(*β*)	frö*<hlich>*
				(*γ*)	muthig und frei aus der kräftigen Wurzel H^1

Obwohl in diesem Beispiel ohne Heranziehung der Handschrift keine Aussage über die Qualität der Korrekturen (Sofort- oder Spätkorrektur) gemacht ist, liegt doch das Wesentliche des Beißnerschen Apparates darin, die Abfolge der einzelnen Textstufen übersichtlich angeordnet zu haben. Beißner verfolgte wie jeder Editor anfangs das Ziel, die konkrete Textentwicklung, wo sie erkennbar war, zu dokumentieren. Dieses Problem löste er dadurch, daß er zusammengehörige Textstufen nicht in einzelne Segmente auflöste, sondern sie im Gesamtkontext der Textgenese in größeren Entwicklungsstufen und weiteren kleinen Abstufungen darstellte. Beißner gelangte damit zu einer treppenartigen Auffächerung der Textentwicklung und konzentrierte sich darauf, das »ideale Wachstum« bis zur endgültigen Textform darzustellen (B 7: 1964a, 81):

> eine absolute Chronologie ist nicht zu gewinnen – das war niemals beabsichtigt; der tatsächliche Vorgang läßt sich in allen seinen Phasen nicht rekonstruieren. Die »Richtigkeit« des Verfahrens, das mithin das ideale Wachstum des Gedichtes darstellt, nicht das tatsächliche, liegt aber, meine ich, darin: das einzelne Wort steht von Anfang an im zunächst vorschwebenden, dann immer deutlicher sich ausbildenden Gestaltzusammenhang, in der dichterischen Konstellation des Verses oder Satzes – Hölderlinisch ausgedrückt: an der Stelle des Ganzen, wohin es gehört.

Allerdings war es Beißner in Fällen, wo durch eine nachträgliche Korrektur mehrere Verse eines Gedichts betroffen sind, nicht immer zweifelsfrei gelungen, die verschiedenen Textstufen voneinander abzuheben und getrennt im Apparat darzustellen. Die Kritik an Beißners Verfahren entzündete sich insbesondere an seiner Aussage, in Fällen, wo die philologischen Indizien nicht ausreichten, interpretatorische Hilfe in Anspruch zu nehmen (B 7: 1964b, 17):

> »Edition ist Interpretation.« [...] der Verzicht auf die Frage, was denn das Geschriebene in einem sinnvollen Zusammenhang bedeute, kann dazu führen, daß sogar oben und unten verwechselt werden – was hilft dann die scheinbar exakte Angabe des Platzes, wo die Variante steht?

Beißner hatte mit diesem Diktum die Debatte zugespitzt, die Hans Zeller 1958 durch die Erläuterungen seiner Prinzipien der Apparatgestaltung für die Ausgabe der Gedichte Conrad Ferdinand Meyers ausgelöst hatte. Beißner ging aber noch einen Schritt weiter, indem er den Editor als den »mitdichtenden Deuter des zur Vollendung sich wandelnden Textes« (B 7: 1964a, 74) charakterisierte. Zeller hatte gerade den umgekehrten Weg postuliert und sich gegen den Anspruch des Editors verwahrt, dem Leser einen sakrosankten Text anzubieten, obwohl Beißner gerade durch den Apparat diesen Text zu relativieren gedachte. Zeller forderte, der Leser müsse vielmehr in die Lage versetzt werden, die Handschrift »rekonstruieren« zu können, z. B. durch genaue Positionsangaben oder durch Angaben, ob und in welcher Weise getilgt wurde und wo auf dem Manuskript sich ein Ersatz für das Getilgte findet (B 7: 1958, 358–360). Das Ergebnis ist ein Apparat mit einem dichten Geflecht von deskriptiven Hinweisen, die mit Hilfe eines umfangreichen Arsenals diakritischer Zeichen und Schrifttypen den Manuskriptbefund und die Deutung der Textgenese voneinander abheben und gleichzeitig in Beziehung setzen. Die Komplexität dieses Darstellungsverfahrens liegt auf der Hand, gewährt jedoch auch ein hohes Maß an Objektivität und Überprüfbarkeit der diversen Herausgeberentscheidungen (vgl. Nutt-Kofoth, B 7: 2000).

Auch Zellers Apparat blieb in der Diskussion nicht ohne Widerspruch. Zunächst wurde auf die Kompliziertheit der Darstellung hingewiesen (Killy, B 7: 1959, 408; Beißner, B 7: 1964b, 16) und verschiedentlich angezweifelt, ob die Beziehbarkeit von Befund und Deutung tatsächlich die Kontrolle des Herausgebers durch den Benutzer leiste: »Die Rekonstruktion des Manuskripts erreicht nicht den Aussagewert der *Handschrift,* sondern lediglich den des

Apparatprobe zu C. F. Meyers Gedicht *Der römische Brunnen* (Conrad Ferdinand Meyer. Sämtliche Werke. Historisch-kritische Ausgabe. Bd. 3. Hrsg. von Hans Zeller. Bern 1967. S. 246)

M^2 **Der Brunnen.**

1 **In reichem Strahle steigt der Quell,**
2 **U: sinkt in eine Muschel hell,**
[3] Bis er *a* *[*in*]* *ᒉ
[›*a* die Muschel überfliesst]
[4] [U: sich in eine Schaale giesst,]
3 **In eine breite Schaale giesst**
4 **Die Muschel was zu viel ihr ist**
5 *a* [Er] **überströmt die Schaale dann**
⌃*a* **Es**
6 **U: füllt ein Marmorbecken an,**
7 **U: alle Stufen bleiben reich,**
8 **Denn jede giebt u: nimmt zugleich,**
9 **U. wenn es allenthalben quillt,**
10 **So** [bleibt] *a* **es doch ein ruhig Bild.**
⌃*a*⌒ **ist** M^2

3.4 stehen je über [*3.4*]

$M^3 M^{*4}$ **Der schöne Brunnen.**
M^{*5} **Der Brunnen.**

1 M^3–M^5 **In einem römischen Garten**
2 M^3 **Weiß ich einen** *a* [kühlen] **Bronnen,**
$M^3 M^4$ ⌃*a*⌒ **schönen**
M^5 **kühlen**
3 M^3 **Von Laubwerk aller Arten**
M^4 *a* [Mit]
$M^4 M^5$ ‹*a* **Von**
4 M^3 *a* [Beschützt] *[*vor heißen Sonnen:*]*
M^3 ⌃*a* **Umwölbt u: grün umsponnen,**
M^4 **Umgrünt und rings .**
M^5 **Beschattet u:**
5 M^3 **Er steigt** *[*im*]* *a* [Silber] **strale**
$M^3 M^4$ **in** ⌃*a* **lichtem**
M^5 **im Silber**
6 M^3 **Der unerschöpflich ist**
M^4 **gießt**
M^5 **ist**
7 M^3–M^5 **Und plätschert in eine Schale,**
8 M^3 **Die** *a* [dunkel] *b* **überfließt.**
M^3–M^5 *⌃*a* **golden** × *⌃*b*⌒ **wallend**

Variantenapparats; sie ist graphische Wiederholung der Variantendarstellung« (Kraft, B 5: 1973, 70f.). Allerdings bildete sich in der Argumentation schließlich mehr und mehr als Konsens heraus, eine der jeweiligen Überlieferung und dem Arbeitsverfahren des zu edierenden Autors angepaßte Editionstechnik anzuwenden. Neben neuen Konzeptionen war aber auch eine Weiterentwicklung von Beißners ›Treppenapparat‹ möglich, wie die Düsseldorfer Heine-Ausgabe und die Droste-Ausgabe zeigen. Beide halten an der stufenweisen Darstellung der Textgenese fest und reduzieren die Informationen zum handschriftlichen Befund und zur Variantenabfolge auf ein Mindestmaß. Die Darstellung der Textgenese soll nach Möglichkeit Zusammenhänge in der Abfolge von Einzelkorrekturen oder von korrigierten Textstufen bewahren. Dabei wird in der Droste-Ausgabe jedes nur einmal niedergeschriebene Wort im Apparat auch nur einmal in aufrechter Drucktype wiedergegeben, in späteren Textstufen wird es aus Gründen der Übersichtlichkeit und der besseren Lesbarkeit in kleiner Geradschrift wiederholt. Damit wird gleichzeitig der handschriftliche Befund, ausgehend vom zuerst Niedergeschriebenen, in wesentlichen Zügen dokumentiert, wobei auf eine Kennzeichnung einer aus dem handschriftlichen Befund herausgelösten letzten Textstufe verzichtet werden kann, weil die Genese sukzessiv bis zur jeweils endgültigen Textgestalt verfolgt wird und der Benutzer die Genese fortlaufend lesen kann (vgl. Woesler, B 5: 1967). Die Diskussion über Apparatmodelle schuf insgesamt einen Orientierungsrahmen für zahlreiche inzwischen abgeschlossene oder noch in Arbeit befindliche kritische Editionen (z. B. Arnim, Brentano, Büchner, Celan, Droste-Hülshoff, Eichendorff, Heine, Hölderlin, Hofmannsthal, Kafka, Keller, Klopstock, C. F. Meyer, Mörike, Trakl).

Die Entwicklung der Editionstechnik nahm im deutschen Sprachraum in den sechziger Jahren zwar einen entscheidenden Aufschwung, und eine Vielzahl von großen Editionsprojekten wurde ins Leben gerufen, doch die vorgeschlagenen und realisierten Verfahren erreichten einen Grad an Technisierung und Perfektion, daß die Editionswissenschaft zunehmend den Ruf einer »Spezialdisziplin« (Weidl, B 7: 1975, 191), ja sogar einer »Geheimwissenschaft« (Martens, B 7: 1971, 166) erlangte. Trotz solcher Äußerungen konnte man den Eindruck gewinnen, daß der kritische Apparat das »Zentrum« bildete, um das sich die übrigen »Teile der Edition gruppieren; ja in letzter Konsequenz stellen die zugehörigen Textbände [...] nur ein Superadditum zur Variantendokumentation dar« (Martens, B 7: 1971, 171). Dieser Entwicklung und insbesondere der Perfektionierung der Variantenapparate wurde am nachdrücklichsten von Editoren aus der ehemaligen DDR widersprochen. Natürlich sind die 1966 von Karl-Heinz Hahn und Helmut Holtzhauer in ihrer Polemik *Wissenschaft auf Abwegen* vorgetragenen Invektiven gegen die bundesdeutsche Editionswissenschaft auch vor dem allgemeinen politischen Hintergrund der damaligen Zeit zu verstehen. Dennoch war ihr Verdacht, die Dichterhandschrift liefere den Editoren »praktisch nur noch Anlaß für Übungen zur Transformierbarkeit« (B 7: 1966, 14), nicht völlig unberechtigt in dieser Schärfe vorgetragen worden. Die von Hahn und Holtzhauer geforderten einschneidenden Reduktionen in der Variantendokumentation tauschten letztlich nur ein Extrem gegen ein anderes aus und wurden später etwa von der Marx-Engels-Gesamtausgabe (MEGA) nicht übernommen. Die politischen Konsequenzen waren jedoch schon früher sichtbar geworden und waren folgenreich: Die ursprünglich als gesamtdeutsches Projekt geplante historisch-kritische Ausgabe von Werk und Briefwechsel Heinrich Heines scheiterte, und es erschienen zwei Heine-Ausgaben in Weimar/Paris (Heine-Säkularausgabe) und in Düsseldorf (Düsseldorfer Heine-Ausgabe).

Das Beharren vieler Editoren auf autor- bzw. werkspezifischen Lösungen verhinderte in den sechziger Jahren Ansätze, zu einer größeren Einheitlichkeit in historisch-kritischen Editionen zu gelangen. Auch in technischen Einzelfragen wie der Siglierung oder der Beschreibung von Handschriften war in dieser Zeit kein Konsens zu erzielen. Dem Aufbruch in der Editionswissenschaft standen schon bald zusammenbrechende Projekte oder nur schleppend vorankommende Editionen gegenüber; jeder neue Vorschlag für eine Edition wurde von der Frage begleitet, ob nicht schon wieder eine »gigantische Bauruine« (Alewyn, B 7: 1976) produziert werde. Fragen zur Organisation oder zur Funktion historisch-kritischer Ausgaben im Wissenschaftsbetrieb wurden nur vereinzelt gestellt (vgl. Woesler, B 7: 1975).

Mit dem von Gunter Martens und Hans Zeller 1971 vorgelegten Sammelband *Texte und Varianten* wurde der Versuch unternommen, der Editionswissenschaft eine mehr grundsätzliche Richtung zu geben. Dieser Band vereinigte dann auch in wünschenswerter Breite eine Bestandsaufnahme der konkurrierenden »Zielvorstellungen und Methodenansätze« (Martens/Zeller, B 6: 1971, VII) und unternahm gleichzeitig den Versuch, die Diskussion über Prinzipien und Terminologien wieder in Gang zu bringen (z. B. Scheibes »Grundprinzipien«, B 7: 1971). Der Band wandte sich somit nicht der Lösung von Einzelproblemen zu, sondern versuchte – ausgehend von ausgewählten Editionsbeispielen – grundsätzliche methodische und praktische Perspektiven zu entwickeln. Zellers Beitrag *Befund und Deutung* und Martens' Beitrag *Textdynamik und Edition* gehören noch heute zum Standard editionswissenschaftlicher Theoriebildung, zumal beide Wissenschaftler mit ihren Überlegungen, ausgehend von semiotischen und strukturalistischen Literaturtheorien (vgl. Martens, B 7: 1989), eine literaturwissenschaftliche Fundierung der Editionswissenschaft verfolgten. Die konsequente Einbeziehung editorischer Ergebnisse in textanalytische Konzeptionen haben Zeller (B 7: 1981, 1987) und Martens (B 7: 1981, 1987) in zahlreichen Beiträgen nachhaltig gefordert und demonstriert. Martens' textdynamische Konzeption, die Textvarianz nicht nur im Hinblick auf den Edierten Text zu verstehen, sondern die Erkennbarkeit der Textgenese dem Verfahren bloßer Dokumentation der Textgeschichte entgegenzustellen, hat ihren Niederschlag in drei wichtigen Editionen gefunden: in der von Martens selbst mit erarbeiteten Ausgabe der *Gedichte 1910–1912* Georg Heyms, in der Edition des *Rosenkavalier* im Rahmen der Hofmannsthal-Ausgabe und in der von der Öffentlichkeit stark beachteten Frankfurter Hölderlin-Ausgabe. Das spezifische Arbeitsverfahren Heyms und die von der Zusammenarbeit Hugo von Hofmannsthals mit Richard Strauß geprägte Entstehung des *Rosenkavalier*-Librettos erforderten modifizierte Verfahren der Textpräsentation, da in beiden Fällen die Textentstehung nicht geradlinig verlief und die überlieferten Textträger häufig verschiedene als gleichwertig zu betrachtende Textstufen (Hoffmann, B 7: 1982, 81; B 7: 1989, 133f. verwendet den Begriff »Stadien«) enthielten. So war es notwendig geworden, die materielle und archivalische Einheit des Textträgers zugunsten von Textsegmenten aufzulösen, um auf diese Weise die dynamische Textentwicklung darstellen zu können. Die traditionelle Lokalisierbarkeit der Textentwicklung wird dabei in ein chronologisches System von Textphasen übertragen. Damit wird der Dokumentation der Textentwicklung noch deutlicher als bislang üblich Vorrang vor der Fixierung eines bestimmten Textzustandes eingeräumt; die Edition der Gedichte Heyms verwendet sogar eine farbige Hervorhebung gestrichener Textsegmente, um dem Leser diesen Textzustand deutlich zu machen und ihm gleichzeitig das Verhältnis von »Statik und Dynamik« (Martens, B 7: 1989, 24) vor Augen zu führen. Die Frankfurter Hölderlin-Ausgabe ist einen ähnlichen Weg gegangen. Ausgehend vom Faksimile der Handschrift, folgt eine typographisch äußerst differenzierte diplomatische Umsetzung der Handschrift, die die Basis für eine »lineare Textdarstellung« abgibt, in der das gesamte Material der Textentstehung genetisch wiedergegeben wird, ehe der Editor daraus einen Text konstituiert (Martens, B 7: 1982, 53–64; vgl. auch Waleczek, B 5: 1994). Die Frankfurter Hölderlin-Ausgabe versucht auf diese Weise die Trennung von Text und Varianten aufzuheben und durch ihr editorisches Verfahren die Funktion von Varianten als poetische Strukturelemente stärker in den Vordergrund zu rücken, als dies durch die Trennung von Text und Variantenapparat der Fall ist.

Mit dieser methodischen Einsicht war die Konsequenz verbunden, daß für verschiedene Editoren »die Herstellung sogenannter Edierter Texte fragwürdig« wurde (Martens, B 4: 1994, 78). Der parallele Abdruck verschiedener Fassungen eines Textes in einer Edition wird zunehmend üblicher, wodurch der dokumentarische Charakter der überlieferten Texte stärker Berücksichtigung findet als der Wille oder die jeweilige Intention des Autors. Es sind aber auch Extrempositionen entstanden, die entgegen einem vom Editor nach textkritischen Prinzipien hergestellten Text nur noch das Faksimile und allenfalls eine diplomatische Transkription als Lesehilfe mit der erklärten Absicht favorisieren: »Ediere so, als erlösche mit Deinem Blick aufs Manuskript die Schrift« (Reuß, B 7: 1995, 126).

Als Hans Zeller 1979 die Editoren mahnte, von ihrem praktizierten theoriefreien Pragmatismus Abschied zu nehmen, um nicht einer bloßen »Abhängigkeit von nicht erkannten Hypothesen« (B 7: 1979, 38) zu erliegen, kritisierte er die in den siebziger Jahren vorherrschende Diskussion

Lineare Textdarstellung und Konstituierter Text (Ausschnitt) zu Hölderlins Gedicht *Die Eichbäume* (Friedrich Hölderlin. Sämtliche Werke. Frankfurter Ausgabe. Bd. 3. Hrsg. von D. E. Sattler und Wolfram Groddeck. Frankfurt a. M. 1977. S. 48)

I

Erster Entwurf; v. 1-11. 32/9

Überschrift vmtl. nach v. 1_2:

$_1$**Die Eich**en. 9

T $_2$**bäume.** 9

$_1$Sohn des Gebirgs! 10
$_2$[ö] e des Bergs 10
$_3$Aus dem 13
$_4$n Gärten **komm ich** herauf **, ihr Söhne des Berges** ↓v. 2 $_1$ 13,14
$_5$**Von den** Wiesen $_7$**zu euch** 12
1 $_6$**Dörfern** 11
↑$_1$ Aus **den** Wiesen, **da** beu 15
$_3$Gärten $_2$**lebt die Natur ge**fällig **und häuslich** 14,15,17
2 $_4$**Von** $_4$**Wiesen** $_5$**duldig** 14,15,16
$_1$S 19
$_2$Nährend **und wieder** genährt**, mit den** regsamen **Menschen zusammen,** 19,20
$_3$**Pflegend** $_4$**gepfleg**e $_6$**fleißigen** 17,18
3 $_5$**t** 17

Fortsetzung mit breiterer Feder und blasserer Tinte; die Änderungen 2_4 und 2_5 werden erst jetzt eingetragen. Die Unterpunktung des Beginns von Z. 14 disponiert mglw. den Wortlaut der Horen-Fassung und wäre demnach ein späterer Eintrag.

4 **Aber ihr, ihr Herrlichen, steht, wie ein Volk von Titanen** 21,22
5 **In der zahmeren Welt, und gehört nur** [euch] **und dem Himmel** 23,24
6 **Der euch nährt' und erzog und der Erde, die euch geboren.** 25,26
$_1$**Keiner** **ist noch** 27
7 $_2$**von** [euch] **in die Schule der Menschen gegangen,** 26,27,29
$_1$**U**m 30
$_2$**nd** ihr **drängt** **euch** trozig **und frei aus der kräftigen Wurzel** 30,31
$_3$**noch** **ihr** $_4$frö 29
8 $_5$**muthig** 28

Fortsetzung verso. 32/11

$_1$Nebein **ander herauf, und des Gärtners Linie scheidet** 2,3
9 $_2$**Unterein** 1
$_1$**Und gesellet euch nicht in** den **allzufriedlichen Reihen.** 4,5
10 $_2$| | 4
11 **Eine Welt ist jeder von euch,** 6

Konstituierter Text I

Die Eichbäume.

Von den Dörfern komm ich zu euch, ihr Söhne des Berges
Von den Wiesen, da lebt die Natur geduldig und häuslich
Pflegend und wieder gepflegt, mit den fleißigen Menschen zusammen,
Aber ihr, ihr Herrlichen, steht, wie ein Volk von Titanen
In der zahmeren Welt, und gehört nur euch und dem Himmel
Der euch nährt' und erzog und der Erde, die euch geboren.
Keiner von euch ist noch in die Schule der Menschen gegangen,
Und noch drängt ihr euch muthig und frei aus der kräftigen Wurzel
Untereinander herauf, und des Gärtners Linie scheidet
Und gesellet euch nicht in allzufriedlichen Reihen.
Eine Welt ist jeder von euch,

über die technische Einrichtung von Ausgaben und deren Gebrauchswert im literaturwissenschaftlichen Alltag. Sein erneuter Versuch, die stagnierende Debatte um eine terminologische Vereinheitlichung wieder in Gang zu setzen und eine Konsensfähigkeit der Editoren zu fordern, geschah auch vor dem Hintergrund knapper werdender finanzieller Ressourcen öffentlicher Haushalte, die bislang die unangetastete Basis der Editionsprojekte gebildet hatten. Wollten sich die Editoren in den Augen der Öffentlichkeit nicht weiter isolieren und berechtigten Vorwürfen Vorschub leisten, die erarbeiteten Ausgaben seien aufgrund ihrer Kompliziertheit unbenutzbar, mußten Strukturen gefunden werden, die dem Ziel einer größeren Selbstdarstellung der Editionswissenschaft innerhalb des traditionellen literaturwissenschaftlichen Fächerkanons Raum gaben, gleichzeitig aber auch eine Fortentwicklung editorischer Programmatik gewährleisteten (vgl. etwa die im *Jahrbuch der deutschen Schillergesellschaft* 34, 1990, 395–428 geführte Debatte). Die Einführungen in die Editionswissenschaft bzw. zum Umgang mit Editionen von Siegfried Scheibe [u. a.] (B 5: 1988), Herbert Kraft (B 5: 1990) und Klaus Kanzog (B 5: 1991) belegen aus unterschiedlichen wissenschaftlichen Perspektiven diesen in Gang gekommenen Prozeß, der zu einer bemerkenswerten Ausdifferenzierung der Editionswissenschaft mit internationaler und interdisziplinärer Ausrichtung geführt hat (vgl. Gleßgen/Lebsanft, B 6: 1997; Nutt-Kofoth [u. a.], B 6: 2000; Plachta / van Vliet, B 6: 2002; Nutt-Kofoth, B 7: 2003; Bein [u. a.], B 6: 2002; Lühning, B 6: 2002; Jansohn/Plachta, B 6: 2005). Auf institutioneller Ebene schuf 1985 die Gründung einer Arbeitsgemeinschaft für germanistische Edition die Voraussetzung, die auseinanderstrebenden Editionsrichtungen im deutschen Sprachraum zusammenzuführen. Die Arbeitsgemeinschaft für germanistische Edition sieht ihre Aufgabe ähnlich wie ihre Partnerorganisation, die Arbeitsgemeinschaft philosophischer Editionen darin, den Editoren ein interdisziplinäres Forum für den Erfahrungs- und Meinungsaustausch zu schaffen. Ähnlichen Zielen war die Gründung eines editionswissenschaftlichen Periodikums (*editio*) und die Einrichtung verschiedener editionswissenschaftlicher Studiengänge verpflichtet.

3
Arbeitsweisen: Kopfarbeiter oder Papierarbeiter

Die Entstehung literarischer Texte ist in erheblichem Maße von der Arbeitsweise eines Autors abhängig (vgl. Hurlebusch, B 7: 1998). Diese hat demzufolge auch Konsequenzen für die Edition. So ist es nicht nebensächlich, ob ein Autor einen Text erst nach ausgiebigem Quellenstudium oder detaillierter Materialrecherche unter Anfertigung zahlreicher Notizen, Schemata und Exzerpte produziert, oder ob er Stoff und Thema solange mit sich herumträgt, bis der Text gedanklich soweit vorstrukturiert bzw. vollendet ist, daß der Autor ihn in einem Zug niederschreiben kann. Denkbar ist auch eine Arbeitsweise, die sich grundsätzlich auf dem Manuskript abspielt, wobei der Autor den Text immer wieder teilweise oder vollständig in neuer Fassung abschreibt oder ihn um eine erste schriftlich fixierte Idee herum konzipiert. In solch einem Fall ist die Frage, wie umfangreich das so entstandene Material zu einem Text ist, das der Editor im Nachlaß eines Autors vorfindet, eher nachgeordnet. Der Editor muß sich vielmehr die Frage stellen, auf welche Weise er das Textmaterial präsentieren will, um der jeweiligen autorspezifischen Arbeitsweise gerecht zu werden. Zu den ersten Aufgaben des Editors nach der Sichtung des zu edierenden Materials gehört es, sich darüber Klarheit zu verschaffen, wie ein Autor seine Texte von der Planung über erste Niederschriften und Überarbeitungen bis hin zu abschließenden Redaktionen erarbeitet (vgl. Grésillon, B 5: 1999; Stingelin, B 6: 2004). Dies ist nicht immer einfach zu bewerkstelligen, denn viele Autoren haben sich nicht zu ihrer Arbeitsweise geäußert, oder die Überlieferung ist so schmal, daß keine eindeutigen Aussagen über die Arbeitsweise gemacht werden können. Zudem muß der

Editor auch damit rechnen, daß sich Arbeitsweisen verändern und daß mit zunehmender Erfahrung auch die Sicherheit beim Verfassen von Texten wächst, die Arbeit nicht mehr so vorsichtig oder skrupulös wie bei Erstlingswerken geplant wird. Darüber hinaus erfordern bestimmte literarische Gattungen und Textsorten, etwa ein historischer Roman oder ein dokumentarisches Drama, spezifische Arbeitsweisen z. B. bei der Faktenrecherche, die zu der sonst üblichen Arbeitsweise des Autors in Kontrast treten können.

Zwei grundsätzliche, auf modellhaften Arbeitsweisen beruhende Richtungen in der editorischen Darstellung und Wiedergabe eines Textes und seiner Entstehung sind erkennbar. Die eine versucht sehr genau durch die Angabe von Positionen, wo etwa einzelne Korrekturen auf dem Manuskript angebracht worden sind und wie die Korrektur eines Wortes oder einer Passage erfolgt ist, die Arbeitsweise des Autors möglichst als Abbild der Handschrift wiederzugeben. Siegfried Scheibe (B 7: 1987, 182) hat diese Darstellungsweise eine »analytische« genannt, während im Gegensatz dazu die »synthetische« Darstellungsweise auf solche detaillierten Angaben verzichtet, weil sie den Ort und die Art und Weise von Korrekturen als zufällig im Produktionsprozeß betrachtet. Vielmehr ist ihr Ziel ein Edierter Text, dessen Veränderungen und dessen Durchlaufen verschiedener Textstufen im Apparat dokumentiert werden. So kann die individuelle Arbeitsweise eines Autors Einfluß darauf nehmen, ob in einer Edition der Prozeß der Textentstehung oder der Text als Endprodukt editorischer Analyse im Vordergrund stehen soll. Die Edition der Gedichte Georg Heyms, der Lyrik C. F. Meyers und Paul Celans oder die Frankfurter Hölderlin-Ausgabe gehören zu denjenigen Ausgaben, die die Textgenese in ihrer editorischen Darstellung betonen, während die Goethe-Akademieausgabe oder die Schiller-, Brentano-, Droste- und Kafka-Ausgabe als Grundmodell die Erarbeitung eines Edierten Textes in den

Vordergrund ihrer Bemühungen gestellt haben. Alle genannten Ausgaben berufen sich dabei auf die Arbeitsweisen ihrer Autoren.

Sie liege »wach im Bette, und mache im Dunkeln Gedichte« (Droste, HKA, 9,276) berichtet Annette von Droste-Hülshoff ihrer Freundin Elise Rüdiger am 18. Dezember 1841 und gibt damit einen Hinweis auf ihre Arbeitsweise, die sich auch auf Manuskripten ihrer Gedichtentwürfe wiedererkennen läßt. Die von Korrekturen übersäten und häufig nicht leicht zu entziffernden Handschriften zeigen folgenden Befund: Bevor die Droste einen Gedichttext niederschrieb, hatte sie meistens eine durchgehende Fassung im Kopf vorbereitet, die sie dann in einem Zug zu Papier brachte. Erst nach dieser Niederschrift setzte die eigentliche Korrekturphase ein, sieht man einmal von Sofortkorrekturen und von Verschreibungen bei der ersten Fixierung des Textes ab. In dem verbliebenen Raum zwischen den Gedichtzeilen brachte die Droste ihre Korrekturen an, sie nutzte auch den Platz rechts und links der jeweiligen Textkolumne. Offenbar stellte es für die Autorin keine Schwierigkeit dar, unter den zahlreichen Textstufen jeweils eine für die Reinschrift auswählen zu können. Sie verwahrte ihre Arbeitsmanuskripte auch sorgfältig und konnte bei der Drucklegung ihrer zweiten Gedichtsammlung 1844 im Cotta-Verlag mit deren Hilfe rekonstruieren, für welche Fassung oder Variante sie sich bei der Anfertigung der Druckvorlage entschieden hatte, ohne eine Abschrift von dieser vor Augen zu haben. Die Droste repräsentiert mit ihrer Arbeitsweise den Typus eines Kopfarbeiters.

Entwurf (Ausschnitt) zu Annette von Droste-Hülshoffs Gedicht *Der Knabe im Moor*

Auch von Goethe ist bekannt, daß er seine Texte erst niederschrieb oder diktierte, nachdem die gedankliche Arbeit abgeschlossen war. Sein Schreiber Schuchardt hat dieses Arbeitsprinzip bestätigt. Goethe pflegte demnach seine Texte »vor der Niederschrift, schon im Geiste völlig auszuarbeiten« (*Goethe über seine Dichtungen,* 1.1,365 Anm. 1). Das bedeutet, daß seine Gedichtniederschriften »fast immer eine spätere Stufe des Arbeitsprozesses« (Hahn, B 2: 1961, 73), der sich zunächst nur im Kopf abspielte, darstellen. Auch für die Arbeitsweise Thomas Manns gilt, daß seine Manuskripte nach der eigentlichen Niederschrift kaum noch oder nur in geringem Umfang korrekturbedürftig waren (vgl. Schiffer, B 5: 1982, 11 f.).

Anders dagegen arbeitete Friedrich Hölderlin. Seine Arbeitsweise materialisiert sich vornehmlich auf dem Papier. Auf seinen Manuskripten finden sich immer wieder Stichwörter zum Inhalt oder Titel eines Gedichts, die aus einer frühen Phase der Textproduktion stammen und um die der Autor später den Gedichttext gruppierte. Dabei können auch andere Gedichtentwürfe, die auf demselben Blatt niedergeschrieben sind, ineinandergreifen und miteinander Verflechtungen eingehen. Die Niederschrift eines Hölderlin-Gedichts zeigt sich dem Editor damit als ein äußerst komplexer Prozeß des Dichtens, der sich kaum mehr linear entschlüsseln und dessen Chronologie sich – wenn überhaupt – nur mit Mühe rekonstruieren läßt. Friedrich Beißner hat in der Großen Stuttgarter Hölderlin-Ausgabe diese

Entwurf zu Friedrich Hölderlins Gedicht *Hälfte des Lebens* im Stuttgarter Foliobuch. Am oberen Blattrand sind die ›Keim‹wörter »Die Rose«, »Die Schwäne«, »Der Hirsch« und die Anrede »holde Schwester!« erkennbar. Das Manuskript enthält neben dem Entwurf von *Hälfte des Lebens* noch weitere, ineinandergreifende Entwürfe anderer Gedichte

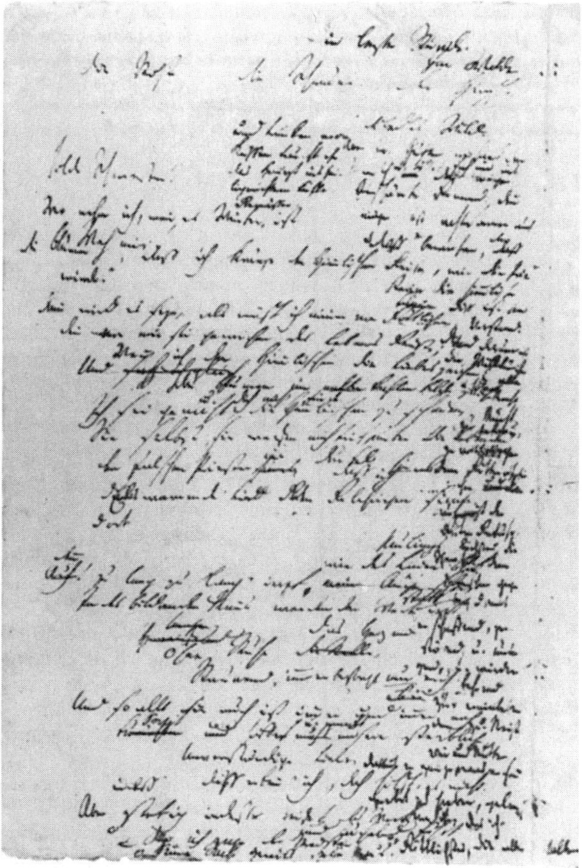

Herausforderung von Hölderlins Arbeitsverfahren angenommen und in dessen editorischer Darstellung die Chance erkannt, »den ganzen Stufenweg vom ersten Keim über alle noch zögernd prüfenden Wandlungen bis zur gelungenen Gestalt hin [zu überblicken], so das Kunstwerk im Entstehn aufzuhaschen und so dessen tiefsten Sinn erst wahrhaft zu begreifen« (B 5: 1961, 212). Obwohl Beißners Vorstellung von einer organisch sich entwickelnden Dichtungskonzeption, die aus »Keimwörtern« ein Gedicht reifen läßt, nur noch wissenschaftsgeschichtlich ihre Bedeutung hat und deren Ergebnisse für eine Edition der Gedichte Hölderlins spätestens mit dem Erscheinen der Frankfurter Hölderlin-Ausgabe vielfach revidiert werden mußten, schärfte er aber u. a. mit der Einführung des Begriffs »Keimwort« für die editorische Analyse eines handschriftlichen Gedichtentwurfs den Blick für die autorspezifische Arbeitsweise und die Notwendigkeit, diese mit der Textgenese in Verbindung zu sehen und als solche darzustellen.

Für Heinrich Heines Arbeitsweise ist kennzeichnend, daß bei der ersten Niederschrift eines Satzes das Textganze noch nicht zu Ende gedacht war. Der Handschriftenbefund stellt sich folgendermaßen dar: »Außerordentlich oft werden Wörter gar nicht zu Ende geschrieben; mitten im Buchstaben bricht Heine die Niederschrift ab; von manchen Wörtern kommt gar nur der erste Buchstabe oder dessen Ober- oder Unterlänge auf das Papier. Dies hat mit dem Vorgang des ›Feilens‹, wie Heines eigener Ausdruck heißt, natürlich noch gar nichts zu tun, sondern ist elementares Charakteristikum der Textentstehung im ersten Stadium. Die gedankliche Textentwicklung ist eruptiv-beweglich, von außerordentlichem Tempo und sensitiver Variationsbereitschaft« (Weidl, B 5: 1974, 41). Erhard Weidl zeigt diese Arbeitsweise an einer nicht endgültigen Zwischenfassung der Strophe 15 in Caput XIX (Bruchstück C 18) für die Zeitschriftenfassung (Zeitung für die elegante Welt, Nr. 9, 1. 3. 1843, 208) des Versepos *Atta Troll* (DHA 4,881):

(1) Konnten nicht das Licht vertra
(2) Hastig flogen fort die Eulen
Diese
(3) Diese Eulen
(4) Und
(5) Ach! bemerkt
(6) Doch die Fledermaus bemerkte:
(7) Kam ein Schwan
(8) Eine Krähe
(a) flog
(b) die hinzuflog
(9) Bald da
(10) Flogen fort, nach
(11) Wärmten sich und flogen weiter.
(12) *gestr.* H^2

Max Brod hat eine Äußerung Franz Kafkas überliefert, wonach der Autor folgendem Grundsatz für sein Schreiben folgte: »Man muß ins Dunkel hineinschreiben wie in einen Tunnel« (B 5: 1983, 349). Kafkas Manuskripte – von wenigen Ausnahmen abgesehen durchweg Entwürfe – machen dem Editor beim Entziffern zunächst kaum Schwierigkeiten. Die Manuskripte zu den Romanen *Das Schloß*, *Der Verschollene* und *Der Proceß* sind weitgehend linear niedergeschrieben worden, bestätigen damit auch Kafkas Äußerung über seine Arbeit an der Erzählung *Die Verwandlung* in einem Brief an Felice Bauer vom 24./25. November 1912: »Eine solche Geschichte müßte man höchstens mit einer Unterbrechung in zweimal 10 Stunden niederschreiben, dann hätte sie ihren natürlichen Zug und Sturm« (Kafka, *Kritische Ausgabe*, *Briefe 1900–1912*, 265). Gleichzeitig barg dieses lineare Schreiben eine – meist durch biographische Anlässe hervorgerufene – Gefahr des Scheiterns in sich. Über den ins Stocken geratenen Roman *Der Verschollene* schreibt Kafka wiederum Felice Bauer am 26. Januar 1913: »Mein Roman! Ich erklärte mich vorgestern abend vollständig von ihm besiegt. Er läuft mir auseinander, ich kann ihn nicht mehr umfassen« (Kafka, *Kritische Ausgabe*, *Briefe 1913 – März 1914*, 63). Die mit dieser Arbeitsweise verbundene Intensität des Schreibens hat Malcolm Pasley an den Handschriften zum *Proceß*-Roman erläutert, wo zu Zeiten besonders konzentrierter Arbeit nicht nur Kafkas Handschrift einen neuen Duktus annimmt, sondern auch die Wortdichte auf einer Manuskriptseite signifikant zunimmt (B 5: 1990, 17). Dagegen hat aber die Zahl der Korrekturen nicht zwangsläufig zugenommen, wie bei einem solchen Arbeitsverfahren vielleicht zu vermuten wäre. Der Text bleibt trotz der Korrekturen eindeutig lesbar. Diese Eigenheit Kafkas hängt offenbar damit zusammen, »daß er seine Formulierungen nicht nur als gedankliche Einheiten, sondern auch als graphisch-visuelle und zugleich als rhythmisch-akustische Gebilde erlebte« (Schillemeit, B 7: 1987, 93). Kafkas Schreiben ist dadurch gekennzeichnet, daß er den einmal niedergeschriebenen Buchstabenbestand weitgehend erhalten wissen wollte, auch wenn Korrekturen notwendig wurden. Immer wieder ist zu beobachten, daß er Korrekturen sorgfältig in schon bestehende Wörter integrierte, so daß durch solche Überschreibungen stets der Eindruck eines sauberen und unkorrigierten Manuskripts entstand. Es gibt in Kafkas Manuskripten zwar auch umfangreichere Korrekturfolgen, Umstellungen oder Streichungen, aber letztlich folgen sie immer dem Konzept eines linearen Schreibens, das auf dem Papier seine Dynamik entfaltet.

Ebenfalls zu den Papierarbeitern ist Bertolt Brecht zu rechnen; allerdings muß bei seiner Arbeitsweise zusätzlich beachtet werden, daß er die »Kollektivität der schriftstellerischen Arbeit« (Seidel, B 5: 1977, 58) favorisierte, d. h. Mitarbeiter am Entstehungsprozeß eines Textes beteiligte. Brechts Arbeitsweise hat sich für zahlreiche seiner Texte in einer Fülle von überlieferten Manuskripten und Typoskrip-

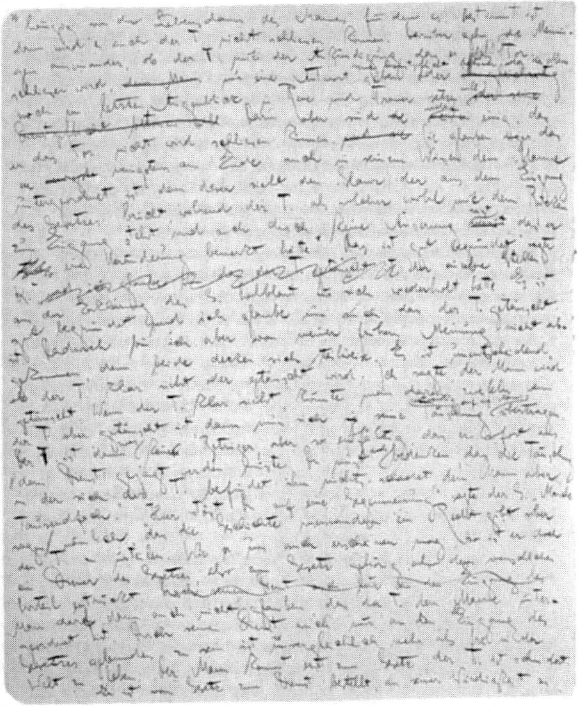

Manuskriptseite zu Franz Kafkas Roman *Der Proceß* (Kapitel »Im Dom«), auf der die Verdichtung der Schrift und die Wortanzahl einen Höhepunkt erreichen

der bekannte jüdische Selbsthaß ist — die Väter führten's auf die Neue Freie Presse zurück — so werden sie doch alle Expressionisten werden, wenn sie glauben, daß mich eine Ballung sämtlicher Chuzpen von Berlin, München, Breslau, Prag, Brünn und Wien einschüchtern könnte. In dem von Herrn Bahr — wie denn nicht — rekommandierten »österreichischen Faust«, der eigentlich aus Prag ist, aber von der Tschechoslowakei keineswegs in Anspruch genommen wird, steht, weil ja bekanntlich auch Goethe seinen Nicolai als Steißseher entlarvt hat, die Behauptung, daß ich nebst allem möglichen andern, was auszusprechen den Herrn Werfel das Gedenken seiner glühenden ~~Liebesbriefe an mich~~ nicht gehindert hat, ein »Fürzefänger« sei, und der Inhaber des Verlages der Schriften von Karl Kraus, der keine Gelegenheit vorübergehen läßt, den einzigen Autor seines Nebenverlags seiner Achtung zu versichern, sicherlich das weiteste Herz, das in der heutigen deutschen Literatur Platz hat, Herr Kurt Wolff hat es gedruckt. Er hat es gedruckt, was Herr Werfel von mir nicht glaubt: daß ich einer sei, der »den Stadtklatsch zu einem kosmischen Ereignis macht«. Herr Werfel wäre nicht Mannes genug, sich zu einer Lüge zu bekennen, die er mit keinem Eindruck aus der Zeit erhärten könnte, da er seinen Planeten/an den meinen gebunden gefühlt und in denkbar

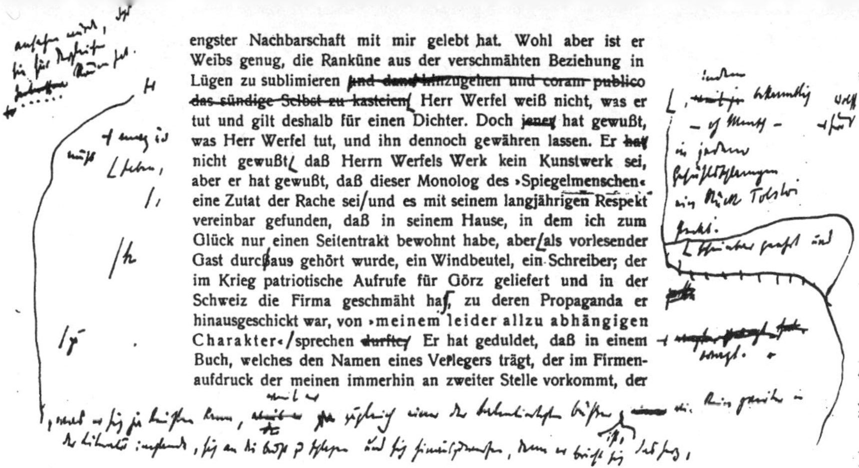

engster Nachbarschaft mit mir gelebt hat. Wohl aber ist er Weibs genug, die Rankûne aus der verschmähten Beziehung in Lügen zu sublimieren und dann hinzugehen und coram publico das sündige Selbst zu kasteien. Herr Werfel weiß nicht, was er tut und gilt deshalb für einen Dichter. Doch jener hat gewußt, was Herr Werfel tut, und ihn dennoch gewähren lassen. Er hat nicht gewußt, daß Herrn Werfels Werk kein Kunstwerk sei, aber er hat gewußt, daß dieser Monolog des »Spiegelmenschen« eine Zutat der Rache sei und es mit seinem langjährigen Respekt vereinbar gefunden, daß in seinem Hause, in dem ich zum Glück nur einen Seitentrakt bewohnt habe, aber als vorlesender Gast durchaus gehört wurde, ein Windbeutel, ein Schreiber, der im Krieg patriotische Aufrufe für Görz geliefert und in der Schweiz die Firma geschmäht hat, zu deren Propaganda er hinausgeschickt war, von »meinem leider allzu abhängigen Charakter« sprechen durfte. Er hat geduldet, daß in einem Buch, welches den Namen eines Verlegers trägt, der im Firmenaufdruck der meinen immerhin an zweiter Stelle vorkommt, der

Fahnenkorrektur von Karl Kraus zu seinem Beitrag *Aus der Sudelküche* in der *Fackel*
(Nr. 561–567, März 1921)

ten niedergeschlagen, die sich jeweils durch mehr oder weniger umfangreiche Korrekturen unterscheiden. Brecht arbeitete häufig mit mehreren Durchschlägen, auf denen er selbst korrigierte oder die er an Mitarbeiter verteilte, um deren Urteil und Veränderungsvorschläge einzuholen. Daß diese Typoskripte sich gut zum Zerschneiden und erneuten Zusammensetzen eigneten, läßt sich immer wieder in Brechts Nachlaß beobachten, so daß Hans-Joachim Bunge feststellen konnte: »Bezeichnend für die Arbeitsweise Brechts, besonders beim Schreiben von Stücken, sind zerschnittene und dann neumontierte Manuskripte, die sauber zusammengeklebt wurden. Brecht bezeichnete sich als ›Meister der Klebeologie‹. Die nicht mehr verwendeten Abschnitte wurden ebenfalls aufbewahrt« (Bunge, B 7: 1958, 25). Dieses gut organisierte Arbeitsverfahren, zudem durch unterschiedliche, auch farblich variierende Schreibmittel zusätzlich erkennbar perfektioniert, konfrontiert den Editor einerseits mit einer Masse von überlieferten Dokumenten, gibt ihm andererseits aber die Möglichkeit, die Abfolge der Textentstehung sehr gut nachvollziehen und häufig exakt bestimmen zu können (vgl. Seidel, B 5: 1977, 56 f.).

Das Deutsche Literaturarchiv in Marbach am Neckar hat 1994 unter dem Obertitel *Vom Schreiben* dem »weißen Blatt« eine Ausstellung gewidmet und an exemplarischen Beispielen die Komplexität des Schreibprozesses und die erkennbaren Techniken von Autoren vorgeführt, ihre Arbeitsweise in konkrete Produktion umzusetzen (Pfäfflin, B 5: 1994): Arno Schmidts Zettelkästen, Goethes flüchtige Bleistiftniederschrift einer Strophe der *Marienbader Elegie* in einem Schreibkalender für das Jahr 1822 oder Karl Kraus' Einschübe und Korrekturen in die Druckfahnen eines Beitrags in der *Fackel* (s. Abb. S. 56/57) geben einen anschaulichen Einblick in die literarische Werkstatt und machen die Individualität und Komplexität von Arbeitsweisen deutlich (vgl. Dichterhandschriften, B 2: 1999; Fetz/Kastberger, B 6: 2000).

4

Überlieferung von Texten: Handschriften und Drucke

Als Goethe 1823 in seinem Aufsatz *Archiv des Dichters und Schriftstellers* (WA 1,41.2,25–28) den Vorschlag machte, nicht nur seine Manuskripte, sondern auch seine vielfältigen Sammlungen und seine Bibliothek nach seinem Tod weiterhin geschlossen aufzubewahren, hatte sich bereits allgemein ein deutliches Umdenken beim Umgang mit Handschriften und Drucken, die das Werk eines Autors überliefert haben, bemerkbar gemacht. Goethes Ziel war es natürlich, sein Leben und Werk angemessen repräsentiert zu wissen und seine handschriftliche Hinterlassenschaft vor Zersplitterung oder gar Zerstörung zu bewahren. Ihm stand dabei das Vorbild Karl Lessings vor Augen, der das zu Lebzeiten publizierte und das im Nachlaß verbliebene Werk seines Bruders Gotthold Ephraim Lessing »unermüdet sammelte und unausgesetzt zum Druck beförderte« (ebd., 25). Daß dieses Anliegen einer »reinlichen ordnungsgemäßen Zusammenstellung aller Papiere, besonders solcher, die sich auf mein schriftstellerisches Leben beziehen, wobei nichts vernachlässigt noch unwürdig geachtet werden sollte« (ebd., 27), verwirklicht werden konnte, zeigt die Verwahrung seines Nachlasses im heutigen Goethe- und Schiller-Archiv in Weimar, nachdem der Nachlaß 1885 mit dem Tod von Goethes letztem Enkel dem weimarischen Großherzogtum überantwortet worden war (vgl. zur Geschichte des Archivs Hahn, B 2: 1961, 11–29; Golz, B 7: 1996). Anders als Schiller, der bei seinem Tod kein geordnetes Archiv hinterließ, vielmehr bereits zu Lebzeiten zahlreiche Manuskripte nach deren Veröffentlichung vernichtet hatte, traf schon vor Goethe Johann Wilhelm Ludwig Gleim Vorsorge für die Aufbewahrung seines Nachlasses, zu dem eine bedeutende Sammlung von Autographen gehörte. Gleims Sammeleifer war von kulturpädagogischer Absicht geprägt. Er wollte nicht nur die an ihn gerichteten Briefe verwahren, sondern er bat auch befreundete Autoren, ihm Abschriften ihrer Werke zur Verfügung zu stellen. Die so entstandene Sammlung – ein »Freundschaftstempel« – sollte eine »Schule der Humanität« sein, wobei Autographen, Bücher und Bildnisse das Anschauungs- und Lehrmaterial bereitstellten (vgl. Mecklenburg, B 5: 1963, 21). Der Nachlaß verblieb in Gleims Wohnhaus in Halberstadt, wo er noch heute verwahrt wird, und wo sich im »Gleimhaus« eine der schönsten und reichsten Quellensammlungen zum 18. Jahrhundert erhalten hat. Aus Goethes Überlegungen zum »Archiv des Dichters und Schriftstellers« entwickelten sich im Laufe des 19. Jahrhunderts vielfältige Aktivitäten und Überlegungen, wie die Hinterlassenschaft deutscher Schriftsteller dauerhaft zu sichern und für die allmählich in Schwung kommende wissenschaftliche Beschäftigung mit Handschriften und Drucken bereitzustellen sei. 1889 veröffentlichte Wilhelm Dilthey in der *Deutschen Rundschau* seinen wegweisenden Vortrag *Archive für Literatur.* Zur Sicherung von literarischem Quellenmaterial für die wissenschaftliche Forschung und zur Bewahrung dieser Dokumente vor Zerstörung und Zerstreuung forderte er »Archive für Literatur«, die für die »Erhaltung der Handschriften, ihre angemessene Vereinigung und ihre richtige Verwertung« Sorge zu tragen hätten (*Gesammelte Schriften* XV,7).

Versucht man sich heute einen Überblick über die erhaltenen Dichternachlässe zu verschaffen, so wird man sehr schnell feststellen, daß – abgesehen von den Verlusten des Zweiten Weltkriegs – zu den meisten Autoren des 16. und 17. Jahrhunderts nur wenig handschriftliches Material erhalten ist. Auch für Autoren des 18. Jahrhunderts sieht die Situation unwesentlich besser aus. Zu Lessings Werken beispielsweise haben sich zwar zahlreiche Manuskripte erhalten, doch der überwiegende Teil seiner Texte ist nur durch Drucke repräsentiert. Erst mit dem 19. Jahrhundert verbessert sich die Situation handschriftlich überlieferter Quellen. Galt bis zur Erfindung des Buchdrucks das handgeschriebene Buch, der Codex manuscriptus (im Gegensatz zu Wachstafeln u. ä. als Träger von Konzepten), als Medium für die ›Veröffentlichung‹ und Verbreitung eines Werks, ohne daß dabei die Mitwirkung des Autors notwendig war, so repräsentieren Handschriften generell nach der Erfindung des Buchdrucks vor allem die Entstehung eines Textes, die immer unmittelbar auf den Autor und seinen Willen zur Gestaltung von Text oder Werk zurückgehen. Stefan Zweig, ein passionierter Sammler von Autographen, hat die Handschrift in der neueren Literaturgeschichte daher zu Recht als »Schöpfungsdokument« bezeichnet, in dem sich der »genetische Prozeß sehr charakteristisch zeigt« (B 7: 1930, 279).

Doch für lange Zeit war es das gedruckte Buch, das als Hauptquelle literarischer Überlieferung galt, und der Kunst des Buchdrucks wurde seit ihrer Erfindung ein besonderes Interesse zuteil. Die typographische Gestaltung, prachtvolle Einbände und der mit künstlerischer Sorgfalt hergestellte Buchschmuck repräsentieren nicht nur ein Handwerk mit großer Tradition, sondern haben ein bibliophiles Interesse geweckt, das sich noch heute in privaten und öffentlichen Sammlungen besichtigen läßt. Dennoch darf nicht aus dem Blick verloren werden, daß das Buchdruckerhandwerk nicht »zur Motivierung oder Stimulierung des Autors beziehungsweise zur Belehrung oder zur Verführung des Publikums« erfunden worden war, sondern vor allem »zur technischen Reproduktion von Texten« (Boghardt, B 5: 1977, 7). Das gedruckte Buch repräsentiert damit ebenso wie das Autograph des Schriftstellers das ›Material‹, durch das literarische Texte überliefert werden und das daher zu den Untersuchungsgegenständen des Editors gehört. Die Elemente literarischer Überlieferung sind vielfältig und machen formale Gliederungskriterien notwendig, wobei, wie im folgenden zu zeigen sein wird, die Unterscheidung in gedruckte und handschriftliche Überlieferung sowohl für die Methodik als auch für die Editionspraxis grundlegend ist.

Goethes *Clavigo* erschien 1774 zum ersten Mal in Leipzig in der Weygandschen Buchhandlung. Der Verleger ließ im selben Jahr noch drei weitere Drucke des *Clavigo* folgen, die sich äußerlich vom Erstdruck (D^1) nicht unterschieden. Trotzdem weichen alle vier Drucke deutlich voneinander ab. Der Erstdruck löste nämlich zwei Doppeldrucke ($D^{1\alpha}$, $D^{1\beta}$) und einen weiteren Druck (D^2) aus, der ein Mischexemplar aus dem Satz des Erstdrucks D^1 und des Doppeldrucks $D^{1\alpha}$ darstellt (Hagen, B 2: 1983, 106–108; Seiffert, B 5: 1969, 17f.). Durch Kollation dieser Drucke lassen sich für die beiden Doppeldrucke Waltraud Hagen zufolge (B 2: 1983, 107) allein 16 Abweichungen feststellen, z. B. »unzähliche Schwürigkeiten« (D^1), »unzählige Schwürigkeiten« ($D^{1\alpha}$), »unzählige Schwierigkeiten« ($D^{1\beta}$). Was der Benutzer dieser Drucke zunächst nicht weiß und erst durch einen genauen Vergleich aller in den Drucken überlieferten Textfassungen erkennen konnte, ist die Tatsache, daß der Verleger meistens ohne Wissen und Zustimmung des Autors mehr oder weniger sorgfältig hergestellte Nachdrucke anfertigte. Zu dieser durch das Gewohnheitsrecht begründeten Praxis war er aufgrund einer fehlenden rechtlichen Regelung sogar autorisiert. Um die Konsequenzen für die Überlieferung von Texten und ihrer Qualität einschätzen zu können, ist es notwendig, sich nicht nur über die Produktionsbedingungen des Buchdrucks im 18. und 19. Jahrhundert zu informieren, sondern immer davon auszugehen, daß man es bei der gedruckten Überlieferung mit einem Text zu tun hat, der durch seine spezifischen Entstehungsbedingungen weder die Zustimmung des Autors gefunden haben muß noch einen fehlerfreien Text bietet.

Doppeldrucke stammen häufig nicht vom Satz des Originaldrucks ab, sie sind entweder vollständig oder teilweise durch Neusatz entstanden, imitieren aber in Typographie, Format und Umfang das Original. Im Gegensatz etwa zum Originaldruck war der Autor nicht an ihrer Entstehung beteiligt, und er erhielt nicht die Möglichkeit, neu entstandene Setzerfehler oder wie auch immer geartete Eingriffe in seinen Text zu korrigieren. »Die Zahl dieser Fehler ist Legion«, stellte Hans Werner Seiffert fest (B 5: 1969, 22). Fehler dieser Art waren aber unvermeidlich, denn den Buchdrukkern stand nur eine begrenzte Anzahl von Drucktypen zur Verfügung, und auch von den Originaldrucken konnten die Druckformen nicht beliebig häufig verwendet werden, zumal immer damit gerechnet werden mußte, daß die eine oder andere frühere Druckform beschädigt und dadurch unbrauchbar wurde. Für Goethe ist am sinnfälligsten nachgewiesen worden, daß er für spätere Ausgaben häufig unwissentlich auf fehlerhafte Nachdrucke zurückgegriffen hat und diese einem anderen Verleger als Druckvorlage zur Verfügung stellte. Auf diese Weise vererbten sich Fehler und korrupte Stellen von Druck zu Druck weiter.

Um solche Fehler zu erkennen, ist eine exakte buchanalytische Untersuchung der jeweiligen Drucke notwendig. Aus dieser Notwendigkeit entstand ein wichtiges Forschungsfeld, das aus dem anglo-amerikanischen Sprachraum wichtige Impulse erhalten hat. Hier wurde zuerst die enge Beziehung zwischen buchkundlicher »critical/analytical bibliography« und textkritischer »textual bibliography« verfolgt, die in ein spezifisches textkritisches Verfahren, die »copy text theory«, mündete (vgl. u. a. Zeller, B 7: 1975; Boghardt, B 5: 1977, 9–15; Vonhoff in Kraft, B 5: 1990, 71–88; Kanzog, B 5: 1991, 60–69; Greetham, B 5: 1992; Tanselle, B 7: 1995). In Deutschland nahm diese Forschung durch die systematische Untersuchung des Typenrepertoires der Setzerkästen für frühe Drucke des 15. Jahrhunderts ihren Ausgang. Ein bibliophiles Interesse, das im

19. Jahrhundert verstärkt einsetzte, initiierte Untersuchungen zur materiellen Beschaffenheit des Buchs und schärfte allmählich auch den textkritischen Blick für das Phänomen der Doppeldrucke. Die großen Editionen des 19. und frühen 20. Jahrhunderts (Lessing, Luther, Goethe, Wieland, Schiller) setzten sich erstmals systematisch mit der Verlags- und Druckpraxis auseinander (vgl. etwa Kurrelmeyer, B 5: 1913). Für Goethe, Schiller und Klopstock sind vorbildliche Untersuchungen zur Analyse gedruckter Überlieferung erarbeitet worden. Martin Boghardt hat 1977 das nach wie vor gültige Standardwerk zur *Analytischen Druckforschung* vorgelegt, in dem er neben einer Vielzahl aussagekräftiger Beispiele auch eine definitorische Klärung der zentralen Begriffe und Vorgehensweisen der Buchdruckerpraxis vorgenommen hat. Als Ausgangspunkt für eine buchanalytische Untersuchung dient auch Boghardt eine grundsätzliche Unterscheidung der beiden Phänomene Satzidentität und Satzdifferenz (B 5: 1977, 170):

> *Satzidentisch* sind alle Exemplare, deren Satzbilder generell, d. h., abgesehen von Abweichungen en detail, deckungsgleich sind und die folglich von ein und demselben Satz stammen, *satzdifferent* hingegen sind alle jene, die deckungsungleich sind und demnach von verschiedenen Sätzen abgezogen wurden. Die Termini *Druck* und *Auflage* bezeichnen die Gesamtheit aller satzidentischen Exemplare, der Begriff der *Ausgabe* dagegen ist ambivalent, er kann sowohl satzidentische als auch satzdifferente Exemplare umfassen.

Den Editor und den Buchanalytiker interessieren dabei die satzdifferenten Elemente, die entweder bewußt herbeigeführt worden oder unbeabsichtigt entstanden sind, weil sie z. B. Auswirkungen auf den Autorisationsgrad des Textes haben können. So war es durchaus möglich, daß während des Druckvorgangs Fehler im Satz bemerkt und noch korrigiert wurden oder der Autor selbst noch Veränderungen forderte. Dieses Phänomen bezeichnet man als Preßkorrekturen. Interessant an diesen Preßkorrekturen ist allerdings, daß sie nicht in allen Exemplaren eines Drucks auftreten müssen. Es war sogar möglich, Einzel- oder Doppelblätter neu zu setzen und zu drucken – sogenannte Kartons – und anstelle der fehlerhaften Blätter in das Exemplar zu integrieren. Satzdifferenz konnte aber auch durch unbeabsichtigte Preßkorruptelen entstehen, z. B., wenn eine falsche Buchstabenfolge »laufned« berichtigt werden sollte, bei der Korrektur das »n« aber zu einem »u« verdreht wurde und dadurch die Preßkorruptel »laufeud« entstand (so in einem Exemplar der Einzelausgabe von Lessings *Minna von Barnhelm* aus dem Jahr 1770, vgl. Boghardt, B 7: 1975, 212). Solche Fehler sind auch unter textkritischen Aspekten zu prüfen, denn anders als bei dem genannten Beispiel aus Lessings *Minna von Barnhelm* muß man immer damit rechnen, daß diejenigen Korrekturen, die während des Drucks vorgenommen wurden, noch auf einen Eingriff des Autors zurückzuführen sind und damit zu Autorvarianten werden, die eine Bedeutung für die Textkonstitution haben. Klaus Kanzog (B 5: 1991, 74 f.) weist auf einen Fall hin, der in Goethes Versepos *Reineke Fuchs* im 10. Band der Cotta-Ausgabe (*Goethes's Werke*, Bd. 10, Tübingen 1808) zu beobachten ist. Noch während des Drucks wurde Vers 184 des ersten Gesangs, dessen Satz zunächst noch die Wortform »Kratzfuß« enthielt, aus rhythmischen Gründen und entsprechend dem Erstdruck und der Handschrift in »Kratzefuß« verändert, so daß der Vers, in einem Teil der Exemplare nun richtig heißt: »Kratzefuß war es, die beste der eyerlegenden Hennen«. Wahrscheinlich wurde diese Korrektur von Goethe selbst veranlaßt (*Werke Goethes*, Bd. 2: *Epen*, 85 f., 102). Diese wenigen Beispiele zeigen, daß der Editor sehr sorgfältig die gedruckte Überlieferung eines Textes oder Werks prüfen muß, und es keineswegs ausreicht, sich allein auf ein einziges Exemplar einer Ausgabe zu verlassen. Freilich sind die Ergebnisse hinsichtlich der Textvarianz bei einer buchanalytischen Untersuchung oft gering, aber zur Rekonstruktion von Entstehung und Druckgeschichte eines Werks sind sie unumgänglich und zeigen gerade in Details immer wieder die enge Verbindung zwischen der technischen Druckherstellung und der Textgenese.

Im Gegensatz zur Buchkunde und Bibliographie hat sich für den Bereich der Handschriften der neueren Literatur nur ansatzweise ein Forschungsgebiet entwickelt, das analog mit »analytischer Handschriftenforschung« bezeichnet werden kann. Während für antike und mittelalterliche Handschriften mit der Paläographie eine – was die methodische Reflexion und die praktischen Ergebnisse angeht – angesehene Hilfswissenschaft entstanden ist (vgl. Schneider, B 2: 1999), fehlt für die Untersuchung neuerer Handschriften allein schon eine verbindliche Typologie, obwohl zahlreiche Handschriftenkataloge erarbeitet (z. B. Autenrieth/Kelletat, B 2: 1961; Ziesche, B 2: 1977; Irmscher/Adler, B 2: 1979; Plachta, B 2: 1988; Ziesche, B 2: 1995; Inventare des Goethe- und Schiller-Archivs, B 2: 1989 ff.) oder wichtige Analysen zur materiellen Beschaffenheit von verwendeten Papieren und zur Aussagekraft von Wasserzeichen im Prozeß der Textgenese (Bockelkamp, B 5: 1982; B 7: 1990; B 7: 1996) vorgelegt worden sind. In den meisten Fällen begegnen dem Editor Schriftstellernachlässe in Bibliotheken und Archiven bereits in einer festen Ordnung, die das schnelle Auffinden des Materials ermöglichen soll. Eine jeweils individuelle Ordnung des Materials in einem Schriftstellernachlaß ist nicht praktikabel und auch nicht immer zweifelsfrei vorzunehmen. Jede von einem Archivar oder Bibliothekar vorgenommene Ordnung bleibt in gewisser Weise willkürlich, sie kann allenfalls Vermittlungsfunktion haben mit dem Zweck der inventarmäßigen Erfassung. Das Deutsche Literaturarchiv in Marbach hat für die Ordnung seiner Bestände folgende Archivsystematik entwickelt (Kussmaul, B 2: 1983, XXVII f.):

dennoch ist es zugleich historisch. Bey den vermischten
Geheimnissen, zum Exempel, bey der Ordnung, in wel-
cher der Mensch selig werden soll, ist dem Dichter vorzüg-
lich die äußerste Sorgfalt nöthig, seiner großen Wegwei-
serinn, der Offenbarung, zu folgen.

---

dennoch ist es zugleich historisch. Bey den vermischten
Geheimnissen, zum Exempel, bey der Ordnung, in wel-
cher der Mensch selig werden soll, ist dem Dichter vorzüg-
lich die äußerste Sorgfalt nöthig, seiner großen Wegwei-
serinn, der Offenbarung, zu folgen.

---

dennoch ist es zugleich historisch. Bey den vermischten
Geheimnissen, zum Exempel bey der Ordnung, in wel-
cher der Mensch selig werden soll, ist dem Dichter vorzüg-
lich die äußerste Sorgfalt nöthig, seiner großen Wegwei-
serinn, der Offenbarung, zu folgen.

Preßkorruptele (jeweils zweite Zeile nach dem Wort »Exempel«) in drei Exemplaren von Friedrich Gottlieb Klopstocks Abhandlung *Von der heiligen Poesie* in *Der Messias* (Bd. 1, Halle ²1760)

I Manuskripte des Nachlassers, Bestandsbildners
(1) Werke (2) Lyrik (3) Epen (4) Dramatisches (5) Prosa (6) Kompositionen
(7) Übersetzungen (8) Bearbeitungen (9) Herausgegebenes, Editionen (10) Verschiedenes
(11) Autobiographisches

II Briefe
(1) Vom Nachlasser, Bestandsbildner
(2) An den Nachlasser, Bestandsbildner

III Zugehörige Materialien (alles weitere, nicht vom Nachlasser, Bestandsbildner selbst verfaßte Material)
(1) Lebensdokumente, Urkunden u. a.
(2) Manuskripte anderer (3) Briefe von anderen an andere

Sicherlich ist auch diese Systematik nur ein Hilfsmittel für die Ordnung. Immer wieder wird der Bearbeiter eines Nachlasses wie der Editor vor dem Problem stehen, ein Manuskript nicht ganz zweifelsfrei typologisch beschreiben zu können, wobei der Editor zusätzliche Probleme der Überlieferung und der Entstehung zu berücksichtigen hat (vgl. König, B 5: 1988).

Daher werden Handschriften zunächst einmal grundsätzlich nach der jeweiligen ›Hand‹ unterschieden. Die Niederschrift kann durch den Autor selbst, durch einen von ihm betrauten Schreiber oder durch einen Abschreiber erfolgen, der einen Text kopiert, ohne den Auftrag eines Autors dazu zu haben. Dabei ist es unerheblich, ob diese Textträger handschriftlich, mit der Schreibmaschine oder mit dem Computer verfaßt wurden. Die auf diese Weise entstandenen Handschriften und Typoskripte lassen sich weiter typologisch unterscheiden, wenn man sie mit den vielfältigen Aspekten der Textproduktion in Verbindung setzt: Notizen, Exzerpte, Entwürfe, Reinschriften, Druckvorlagen. Um dem Prozeß der Textproduktion durch das überlieferte Material am ehesten gerecht zu werden, hat Marianne Bockelkamp ein Schema vorgeschlagen, dessen Elemente jeweils nach der genetischen Funktion der Handschrift oder des Typoskripts fragt: (1) Vorarbeiten, (2) Niederschriften zur eigentlichen Ausarbeitung des Textes, (3) Reinschriften des vollendeten Textes zur Drucklegung bzw. handschriftlichen Verbreitung (Bockelkamp, B 5: 1982, 21; vgl. auch die wesentlich differenzierteren, allerdings auch unübersichtlicheren Kriterien bei Hahn, B 7: 1969). Ergänzt wird dieses Material um Dokumente mit Bedeutung für die literarische Überlieferung wie z. B. Briefe, Tagebücher, autobiographische Aufzeichnungen und diesen vergleichbare Dokumente.

Analog zur buchanalytischen Untersuchung von Drukken muß sich der Editor auch mit dem Papierbefund einer Handschrift beschäftigen und die dadurch sichtbaren Merkmale einer Handschrift beschreiben. Dabei haben sich u. a. folgende Merkmale als praktikabel für die Beschreibung von Handschriften im Kontext einer Edition erwiesen (im einzelnen Bockelkamp, B 5: 1982, 41–47): (1) Format (angegeben in Höhe × Breite in Millimetern); (2) Papierdikke; (3) Siebmerkmale, die die Herstellungsart des Papiers anzeigen (handgeschöpftes Papier, handgeschöpftes Velinpapier, maschinell hergestelltes Papier); (4) Wasserzeichen, mit deren Hilfe die Provenienz des Papiers feststellbar ist oder in günstigen Fällen Hinweise auf den Zeitpunkt der Herstellung möglich sind (etwa bei Wasserzeichen, die eine Jahreszahl enthalten); (5) Farbe; (6) Schreibgerät und Schreibstoff. Die Ausführlichkeit von Handschriftenbeschreibungen ist unter Editoren oft umstritten gewesen. Doch die systematische Untersuchung der Handschriften Heinrich Heines hat in vielen Fällen nicht nur Ergebnisse hinsichtlich einer Datierung gebracht, sondern es auch immer wieder ermöglicht, durch eine detaillierte Beschreibung Handschriften, die in unterschiedlichen Archiven aufbewahrt werden, zuzuordnen, indem identische Papierbefunde festgestellt werden konnten. Solche Untersuchungen können die Lösung textkritischer Probleme unterstützen. So hat zum Beispiel die Provenienzbestimmung der Handschriften von Heines *Reisebildern* zu wichtigen Ergebnissen in bezug auf die Datierung geführt (vgl. Bockelkamp, B 5: 1982, 101–128). Heine benutzte zwei Papiersorten für die Niederschrift, und zwar Papiere eines Papiermachers aus der Gegend von Magdeburg und eines toskanischen Papiermachers aus der Nähe von Lucca. Weiterhin läßt sich beobachten, daß Heine die deutschen Papiere mit einer dunkleren Tinte beschrieben hat als die Blätter toskanischer Provenienz. In Kombination mit biographischen Informationen läßt sich nachweisen, daß Heine während seines Aufenthalts in Italien (September–Dezember 1828) größere Teile der *Reise von München nach Genua* und der *Stadt Lucca* offenbar in Italien auf dem dort erworbenen Papier konzipierte. Im Frühjahr 1829 setzte er seine Arbeit an den *Reisebildern* in Potsdam fort und redigierte auf dem Papier des Magdeburger Papiermachers Teile der in Italien niedergeschriebenen Entwürfe. Die Kombination aus handschriftlichem Befund, biographischen Informationen und textkritischen Beobachtungen haben für diesen Werkkomplex zu einer detaillierten und gut abgesicherten Rekonstruktion der Entstehung des Textes geführt.

Eine zentrale Aufgabe des Editors besteht darin, alle zu Lebzeiten des Autors entstandenen Handschriften und publizierten Drucke eines Werkes zu sichten und deren textliche Abhängigkeitsverhältnisse zu beschreiben. In der klassischen Philologie diente dieses Verfahren der »recensio« und »examinatio« dazu, aufgrund der spezifischen Überlieferungsverhältnisse von Texten der Antike und des Mittelalters sowie ihrer Funktion als Gebrauchstexte, die meistens auf weitgehend zufällig erhaltenen Abschriften beruhen, sich einem nicht erhaltenen Original zu nähern und durch ein textkritisches Verfahren einen diesem Original (bzw. »Archetyp«) nahekommenden Text zu konstitu-

Beta-Radiographie eines Wasserzeichens (Wappen in Zierkartusche, Adler, Turm über Dreiberg, darunter in doppelstrichigen Antiquaversalien der Name »Gior Magnani«) aus der Handschrift zu Heinrich Heines *Reise von München nach Genua*. Papier eines toskanischen Papiermachers

ieren (zum Verfahren vgl. im einzelnen Maas, B 5: 1960, 5–13). Obwohl diese Ausgangssituation für Texte der neueren Literatur, die sich auf Autographen und authentische Drucke stützen, nicht mehr zutrifft, ist dieses Modell der klassischen Textkritik – wenn auch eingeschränkt – nach wie vor brauchbar. Für die Edition neuerer Texte dient dieses Verfahren – im Ergebnis die Erarbeitung eines Stemmas – in erster Linie dazu, die internen und genetischen Beziehungen der überlieferten Textträger aufzudekken und zu erläutern. In einem solchen Verfahren werden die einzelnen Textträger zunächst mit einer Sigle versehen (vgl. Seuffert, B 5: 1904–41, 3/4,55–57; Scheibe [u. a.], B 5: 1988, 90–92; Kraft, B 5: 1990, 162–164): Eigenhändige Handschriften erhalten inzwischen üblicherweise die Sigle *H*, eigenhändige Typoskripte die Sigle *T*, Drucke die Sigle *D* und autorfremde Abschriften die Sigle *h* bzw. *t*. Nichtautorisierte oder nicht vom Autor veranstaltete bzw. in Auftrag gegebene Drucke werden analog mit der Sigle *d* bezeichnet. Um die Chronologie dieser Textträger erkennen zu können, erhalten die Siglen in der Abfolge ihrer Entstehung zusätzlich einen Exponenten (H^1, H^2, h^3, D^4 usw.), wobei die unterschiedliche Praxis zu beobachten ist, daß einerseits die gesamte Überlieferung durchnumeriert wird und andererseits jeweils für Handschriften und Drukke bzw. in weiterer Differenzierung für Autorhandschriften, Abschriften, autorisierte und nichtautorisierte Drucke eine separate Exponentennumerierung durchgeführt wird (vgl. Scheibe [u. a.], B 5: 1988, 91). Die Exponenten können um weitere Angaben (etwa durch Buchstabenkombinationen) erweitert werden, sollten sich auf einer Handschrift etwa zwei durch die Tintenfärbung unterscheidbare Arbeitsstadien erkennen lassen (z. B. $H^{1Rö}$ für Korrekturen mit Rötelstift) oder sollte man etwa zwei Hände unterscheiden können (h^{2Ec} für Abschriften von Goethe-Texten durch Eckermann, die u. U. von Goethe korrigiert wurden: h^{2G}). Die Erstellung eines Stemmas dient in der neueren

Editionswissenschaft nicht mehr der Rekonstruktion eines ›idealen‹ Textes, sie ermöglicht in erster Linie eine Übersicht über die Textgenese. Dabei ist es bei der Edition neuerer ebenso wie älterer Texte notwendig, die einzelnen Textträger zu kollationieren und eventuelle Varianten auf ihre Herkunft und Verwandtschaft zu prüfen, insbesondere dann, wenn die Überlieferung lückenhaft ist oder sich die Textkonstitution auf unzuverlässige Abschriften stützen muß. Die Prüfung der Varianten kann aber auch helfen, Fehler in einem gedruckten Text durch den Vergleich mit einer Handschrift aufzuspüren und auf diese Weise ihre Emendation sicher zu ermöglichen. Ein – konstruiertes – Stemma könnte beispielsweise so aussehen:

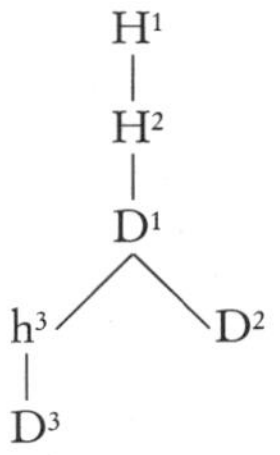

Dieses Stemma ist folgendermaßen zu lesen, wobei man berücksichtigen muß, daß bei neuphilologischen Texten nicht nur eine Abhängigkeit zum vorhergehenden Textträger besteht, sondern der Autor an der Erstellung sämtlicher Textträger immer wieder aufs neue beteiligt gewesen sein kann: Der Autor fertigt zwei aufeinanderfolgende Niederschriften an, wobei die jüngere (H^2) auf H^1 beruht und Vorlage für den Erstdruck (D^1) ist. Von diesem Erstdruck wird mit Zustimmung des Autors ein weiterer Druck (D^2) angefertigt. Der Autor entschließt sich zu einer Überarbeitung des Textes und läßt einen Schreiber vom Erstdruck eine Abschrift anfertigen (h^3), die er dann überarbeitet und die wiederum Vorlage für einen Druck (D^3) ist. Mit diesem Druck endet die Genese dieses Textes. In vielen Fällen der Textgenese kann aber nicht von einer so einfachen Abfolge der Textträger ausgegangen werden, häufig fehlen einzelne Glieder der Kette, die vielleicht durch Briefzeugnisse nachgewiesen sind und ebenfalls in das Stemma (sigliert als H′) integriert werden. Oftmals läßt sich die Verwandtschaft der einzelnen Textträger nur mit Mühe und nicht immer eindeutig bestimmen. In diesen Fällen können mit Hilfe eines Stemmas alternative Textentwicklungen diskutiert werden (vgl. für die schwierige Überlieferung von Kleists *Prinz Friedrich von Homburg* exemplarisch Barth, B 5: 1978; für Brecht/Weill *Aufstieg und Fall der Stadt Mahagonny* Nyström, B 5: 2005). Jedoch ist die Untersuchung von Drukken und Handschriften sowie die Bestimmung von deren Position in der Textgeschichte Voraussetzung für die Wahl der Textgrundlage für den Edierten Text.

5
Bestimmung der Textgrundlage: frühe oder späte Hand?

Die Bestimmung der Grundlage für einen zu edierenden Text gehört zu den wichtigsten Entscheidungen, die der Editor zu treffen hat. Die Kriterien, nach denen eine Grundlage für den zu edierenden Text auszuwählen ist, standen daher stets im Mittelpunkt des editionswissenschaftlichen Interesses. Probleme ergeben sich bei der Auswahl der Textgrundlage immer dann, wenn ein Autor sein Werk häufiger bearbeitet und mit mehr oder weniger einschneidenden Veränderungen publiziert hat. Diese Entwicklung kann einhergehen mit einer Veränderung von poetologischen oder weltanschaulichen Ansichten, sie kann aber auch das Ergebnis einer Umarbeitung in unterschiedlichen Lebensaltern sein. Auch äußere Einflüsse, etwa die Zensur, können unterschiedliche Fassungen eines Textes bedingen.

An der komplizierten Überlieferungs- und Textgeschichte von Goethes Briefroman *Die Leiden des jungen Werthers* ist immer wieder das editorische Dilemma der Wahl einer Textgrundlage demonstriert worden. Zum ersten Mal erschien der Roman 1774 in der Weygandschen Buchhandlung in Leipzig; dieser nur wenig sorgfältig hergestellte Druck enthielt zahlreiche Druckfehler, auf die ein beigelegtes Corrigenda-Verzeichnis aufmerksam machte. Ohne den Autor zu konsultieren, druckte der Verleger den erfolgreichen Roman mehrfach nach. Im folgenden Jahr, 1775, entstand ebenfalls bei Weygand eine »Zweyte ächte Auflage«. Goethe stellt den beiden Romanteilen jeweils vierzeilige Eingangsverse voran. Obwohl einige Versehen des Erstdrucks korrigiert wurden, ist Goethes Mitwirkung bei der erneuten Drucklegung des Romans nur formaler Natur.

Der sensationelle Erfolg der *Leiden des jungen Werthers* führte, entsprechend gängiger Buchdruckerpraxis im 18. Jahrhundert, 1775 zu einem – unerlaubten – Nachdruck durch den Berliner Verleger Christian Friedrich Himburg. Äußerlich ähnelte dieser Nachdruck dem Weygandschen Druck, die Textgestalt zeigt aber mehrfach Eingriffe, die nicht auf Goethe zurückgehen. Als Goethe in den achtziger Jahren den *Werther* für eine erste von ihm besorgte Sammlung seiner Werke tiefgreifend umarbeitete, ließ er sich zuvor eine sorgfältige Abschrift des früheren Drucks anfertigen, die er dann – auch mit Hilfe Herders – bearbeitete. Als Grundlage dieser Abschrift diente nun aber kein Exemplar der beiden bei Weygand erschienenen, mit Goethes Wissen und Mitwirkung hergestellten Auflagen, sondern – offenbar ohne bemerkt zu werden – ein Exemplar des unerlaubten Himburgschen Nachdrucks. Die Neubearbeitung des Romans war durchgreifend (z. B. Eliminierung autobiographischer Elemente, Ergänzung der Werther-Figur um selbstkritische Momente, neue Anordnung der Briefe, Hinzufügung neuer Passagen, Veränderung von Orthographie und Interpunktion). Trotz der intensiven Überarbeitung, ja Neubearbeitung des Romans blieben zahlreiche Texteingriffe des Nachdruckers von Goethe unbemerkt, möglicherweise entsprachen sie sogar jetzt seinem eigenen Sprachempfinden. Diese von Goethe überarbeitete Abschrift bildete dann die Grundlage für den Abdruck des Romans in den 1787 bei Georg Joachim Göschen in Leipzig verlegten *Schriften.* Auf der Grundlage des Drucks bei Göschen wurde der Roman in alle weiteren Sammelausgaben von Goethes Werken bis zur 1827–30 erschienenen Vollständigen Ausgabe letzter Hand immer wieder aufgenommen, ohne daß sich Goethe noch um Einzelheiten der Textgestalt des Romans gekümmert hätte. Vielmehr delegierte er diese Aufgabe an Mitarbeiter, durch deren Redaktion der Text inhaltlich geglättet wurde, was zahlreiche Eingriffe in die Orthographie und Interpunktion zur Folge hatte. Als Ergebnis dieser Textgeschichte sind zwei Fassungen des Romans zu konstatieren: eine, die der »Sturm und Drang«-Programmatik literarisch Gestalt gegeben hat, eine andere, die eben diese Elemente aus dem Text wieder entfernt hat.

Als 1899 im 19. Band der Weimarer Ausgabe von *Goethes Werken* der *Werther* erschien, wurde er in der Fassung der *Ausgabe letzter Hand* präsentiert, denn als unumstößliches Prinzip dieser Edition hatte zu gelten (WA I,1,XIX):

> bei Allem, was Gestalt und Erscheinung der Ausgabe im Großen wie im Einzelnen betrifft, soll befolgt werden, was uns als Goethes selbstwillige Verfügung bekannt ist. [...] Für den Druck der Werke hat er selbst die Norm gegeben in der Ausgabe letzter Hand. Sie ist sein Vermächtniß [...].

Damit entschieden sich die Editoren gegen die »Sturm und Drang«-Fassung des Erstdrucks von 1774; diese Entscheidung wirkt noch heute in verschiedenen Studien- und Leseausgaben nach, die die Edition der Weimarer Ausgabe als vermeintlich verläßlichste Grundlage ihrer Textpräsentation gewählt haben (vgl. im einzelnen Martens, B 7: 1991). Die in der Weimarer Ausgabe von Goethes Werken praktizierte Auswahl der Grundlage für den zu edierenden Text begründete das Prinzip der »späten Hand« und etablierte damit einen über Jahrzehnte hinweg gültigen Prototyp der Textkonstitution. Erst mit Ernst Grumachs *Prolegomena zu einer Goethe-Ausgabe* (B 7: 1950) konnte dieses Prinzip revidiert werden; in der Goethe-Philologie sprach man damals von einem ›Erdbeben‹. Nach wie vor am Beispiel Goethes, dessen Werk im Gegensatz zu anderen Autoren in einer Vielzahl autorisierter Publikationen vorliegt, entwickelten die Editoren um Grumach durch zahlreiche Untersuchungen zur Druck- und Textgeschichte von Goethes Werken (Grumach, B 6: 1959; Scheibe [u. a.], B 6: 1965; Hagen, B 2: 1971) in der Akademie-Ausgabe der Werke Goethes ein anderes als das durch die Weimarer Ausgabe transportierte Goethe-Bild, das insbesondere eine »Rehabilitierung« des »jungen« und »mittleren« Goethe einschloß. Grumachs Konzeption zielte auf die Darstellung eines »historischen Reliefs« (B 7: 1954, 45) der Goethe-Texte, gab das Prinzip der »späten Hand« auf und bezog nun alle überlieferten Textträger (Handschriften und Drucke) in den editorischen Prozeß der Auswahl einer Textgrundlage ein. Den damit verbundenen Anspruch, eine Textfassung zu erarbeiten, »die der Intention des Autors adäquaten Ausdruck verleiht«, faßte Grumach in die Formel vom »besten Text« (B 6: 1959, 6). Später wurde diese Konzeption überarbeitet und weitergeführt: An die Stelle der Erarbeitung eines »besten« Textes trat die Auffassung, daß alle überlieferten Fassungen als »im Prinzip gleichwertig« zu gelten haben, aus historischer Perspektive »in gleicher Weise Repräsentationen des Werks« seien und erst in ihrer Addition das Werk darstellten (Scheibe, B 7: 1971, 33). Die Konsequenz daraus war, daß der Editor jede Textfassung als begründbare Basis für den Edierten Text wählen konnte, wobei dem Apparat eine wesentliche Funktion zur Dokumentation der ausgeschiedenen Fassungen zukam. In der Praxis bedeutete diese methodische Vorgabe für die Wahl der Textgrundlage die Bevorzugung einer Fassung »früher Hand« (meistens des Erstdrucks) zuungunsten einer Fassung »letzter Hand«. Folgende Argumente wurden dafür angeführt (vgl. dazu Hagen, B 7: 1991, 119f.):

(1) Der erstmalige Druck eines Textes ist meistens das Ergebnis einer intensiven Produktionsphase des Autors und markiert das vorläufige Ende des Entstehungsprozesses.
(2) Im Gegensatz zum Prinzip der »Ausgabe letzter Hand«, das die Texte eines Autors auf ein bestimmtes histori-

sches Niveau verpflichtet und nivelliert, dokumentiert eine Edition jeweils auf der Grundlage von Erstdrucken vielmehr die Entwicklung eines Autors und seiner literarischen Produktion.

(3) Der Erstdruck eines Textes repräsentiert den häufig erstmaligen Willen des Autors, den Text aus seiner privaten Werkstatt in die Öffentlichkeit zu entlassen.

(4) Mit dem Erstdruck setzt die unmittelbare öffentliche Rezeption des Textes ein.

Sicherlich lassen sich gegen diese vier Kriterien Einwände erheben und Beispiele finden, die das Prinzip der »frühen Hand« für ungeeignet halten. Bei der Edition von Goethes *Werther* läßt sich mit diesem Kriterienkatalog keine zufriedenstellende Entscheidung treffen, welche Fassung als Grundlage gewählt werden soll, wenn man nur den Abdruck einer Romanfassung in Betracht zieht. Die Goethe-Akademie-Ausgabe hat sich dann auch für einen parallelen Abdruck sowohl des Erstdrucks von 1774 als auch der handschriftlichen Bearbeitung des Romans, die der Ausgabe von 1787 als Vorlage diente, entschieden. Diese Möglichkeit wird der Editor einer Studien- oder Leseausgabe nicht haben, er muß die Entscheidung für die eine oder andere Fassung treffen und sie begründen; dabei wird er nicht mehr dem erwiesenermaßen überfremdeten Text in der von Goethe veranstalteten *Ausgabe letzter Hand* folgen. Vermutlich wird er den Erstdruck als Textgrundlage wählen, um dem Leser aus literaturgeschichtlicher Perspektive einen exponierten Text des »Sturm und Drang« an die Hand zu geben; notwendig wäre dabei allerdings, etwa in einem Anhang die Veränderungen der Textgeschichte zu dokumentieren oder zu kommentieren.

Es lassen sich aber auch zahlreiche Beispiele finden, in denen die Wahl einer Textgrundlage »später Hand« sinnvoll oder zwingend geboten ist. Die historisch-kritische Ausgabe von Eduard Mörikes Werken favorisiert das Prinzip der »späten Hand« und gibt dafür folgende Begründung (»Editionsgrundsätze« – Beilage zu Mörike, *Werke und Briefe* –, 3):

> Die Entscheidung für die jeweils letzte Fassung wurde, entgegen manchen anders gerichteten Tendenzen in neueren Dichterausgaben, deshalb getroffen, weil sie der Eigenart der Entstehungsgeschichte von Mörikes Werken am meisten zu entsprechen scheint. Soweit die Entstehungsgeschichte sich in Handschriften und Drucken niedergeschlagen hat, ist sie schon von den frühesten Textzeugen an vor allem durch ein auf Einzelheiten gerichtetes Ausfeilen des poetischen Ausdrucks charakterisiert, das von einem kritisch prüfenden Kunstverstand geleitet wird und, wenn überhaupt, erst in den jeweils letzten Fassungen ein Ende findet. Man würde einen wesentlichen Zug von Mörikes dichterischer Erscheinung verdecken, wollte man bei der Herstellung des Textes um einer vermeinten Ursprünglichkeit willen von den frühesten Fassungen ausgehen.

Bei der Edition von Brechts Werken versagt häufig das hier dargestellte Bezugssystem von »früher« und »später Hand«. Jeder Edierte Text würde nur die Reduktion eines Entwicklungsstadiums repräsentieren, denn Brecht begriff sein Werk immer als einen Prozeß, den es eigentlich in einer Edition seiner Werke darzustellen gelte. Betrachtet man einmal die Textgeschichte des Theaterstücks *Leben des Galilei,* dann lassen sich insgesamt drei Fassungen – eine dänische (1938/39), eine amerikanische (1947) und eine Berliner (1955/56) Fassung (vgl. Brecht, Berliner und Frankfurter Ausgabe 5,331–373) – konstatieren, deren weit auseinanderliegende Entstehungszeit und jeweilige zeitgeschichtlichen Hintergründe (Exil, Kriegsausbruch, Abwurf der ersten Atombombe, Fall Oppenheimer, Koreakrieg) Änderungen provozierten, die eigentlich den Abdruck sämtlicher Fassungen in einer Edition notwendig machen würde. Trotz zahlreicher Varianten übernahm Brecht auch Elemente der jeweils älteren in die jeweils jüngere Fassung, so daß eine Kontinuität des Arbeitsprozesses stets erkennbar bleibt. Nimmt man dagegen Brechts Aussage »Ohne das Ausprobieren durch eine Aufführung kann kein Stück fertiggestellt werden« (Bunge, B 7: 1960, 17) auch als Hinweis für die Auswahl einer Textgrundlage ernst, dann käme für den Edierten Text nur die Berliner Fassung in Frage, für die Brecht bis zu seinem Tod am 15. Januar 1957 noch eine Modellinszenierung erarbeitete, die er wie auch im Fall der Inszenierung der *Mutter Courage* am Berliner Ensemble als vorerst verbindlichen Abschluß des Texts ansah. (Von der Probenarbeit im Berliner Ensemble haben sich Tonbandmitschnitte erhalten, die verschiedene Wünsche Brechts für die Änderung des Textes enthalten. Die nach Brechts Tod von Elisabeth Hauptmann herausgegebene Ausgabe zeigt für den *Galilei* die Übernahme verschiedener Änderungen, die während der Probenarbeit von Brecht am Text vorgenommen wurden; vgl. hierzu Plachta, B 7: 1991.) Der Wunsch des Autors würde einmal mehr das Prinzip der »späten Hand« rechtfertigen, würde aber gleichzeitig auch eine Rezeption der Textgeschichte und der Gründe für die Änderungen verhindern.

Gerhard Seidel hat mit Blick auf Brecht darauf hingewiesen, daß bei der Auswahl der Textgrundlage Entscheidungen notwendig sind, »die optimal nur funktions- und gegenstandsbedingt getroffen werden können, d. h. in Abhängigkeit vom Ausgabentyp, von der Arbeitsweise des Autors sowie von Überlieferung, Entstehung und Wirkung des jeweils zu edierenden Werkes« (B 7: 1991, 209). Er betont damit ähnlich wie Herbert Kraft die »Faktizität der Texte« (B 7: 1982, 5) und relativiert Herausgeberentscheidungen, die sich – vergleichbar einem Testamentsvollstrecker – allein auf den Willen oder die Intention des Autors berufen, häufig jedoch nur das »Ergebnis der deutenden Operation des Editors« (Martens, B 4: 1994, 74) waren. Dieses Konzept versucht insgesamt den Begriff der Autorisation bzw. des Autorwillens als Argument für textkritische Entscheidungen abzulösen. Trotz der Mängel, die zahlreiche Definitionsversuche an dieser Begrifflichkeit offengelegt haben, bleibt die Autorisation ein Faktor bei der Auswahl der Textgrundlage und bei der Textkonstitution (vgl. Bein [u. a.], B 6: 2002). In dem bisher zur Wahl der Textgrundlage Ausgeführten wurde immer davon ausgegangen, daß alle auf den Autor zurückgehenden Fassungen in Handschriften und Drucken als gleichberechtigt zu betrachten sind. Doch bei sämtlichen erörterten Beispielen ist offensichtlich geworden, daß eine völlige Kontrolle der Texte durch den Autor nie vorausgesetzt werden konnte und stets mit autorfremden Eingriffen gerechnet werden mußte. Obwohl beim Vergleich dieser Fassungen häufig eine variierende Zuverlässigkeit der Textgestalt zu konstatieren ist, somit ein unterschiedlicher Grad an Autorisation vorliegt, waren alle Textträger durch den Autor zumindest formal so gewünscht und repräsentierten eine von ihm verantwortete Textgestalt. Diese Autorisation behielt dann noch ihren Wert, wenn im Auftrag des Autors Helfer für die Textgestalt verantwortlich waren. Dabei wurde zunächst außer acht gelassen, daß es zahlreiche Fälle gibt, in denen es keinen unmittelbar auf den Autor zurückgehenden Textträger gibt, sondern nur Abschriften oder postume Drucke, für die erst der Nachweis erbracht werden muß, wie zuverlässig dadurch der Text des Autors repräsentiert ist. Siegfried Scheibe hat daher folgende Definition vorgeschlagen (B 7: 1971, 28):

> Als autorisiert gelten: (a) alle Handschriften eines Werks, an deren Herstellung der Autor mitgewirkt hat oder die in seinem Auftrag hergestellt wurden (b) alle Drucke, deren Herstellung der Autor gewünscht oder gebilligt hat und deren Text er zugleich durch Liefe-

rung der Druckvorlage oder durch eigene oder von ihm veranlaßte Revision während des Druckvorgangs beeinflußt hat.

Diese Definition hat Scheibe aus Gründen der Editionspraxis um jene Handschriften und Drucke erweitert, die im Sinne der Definition als nicht autorisiert gelten, aufgrund fehlenden autorisierten Materials die »Funktion eines Stellvertreters« (ebd., 29) übernehmen und somit bei der Textkonstitution Berücksichtigung finden. Diese Stellvertreterrolle übernimmt z. B. die berühmte Abschrift der Weimarer Hofdame von Goechhausen für Goethes *Urfaust,* da eine Handschrift Goethes zu dieser frühen *Faust*-Fassung nicht vorliegt.

Auch bei einer kritischen Edition von Heinrich Heines Versepos *Deutschland. Ein Wintermährchen* müssen verschiedene Faktoren – insbesondere die Veränderungen, die auf Wunsch der Hamburger Zensurbehörde entstanden sind – bei der Wahl der Textgrundlage berücksichtigt werden. Heines Verleger Julius Campe legte, nachdem Heines Widerstand gegen eine Vorzensur seines Versepos überwunden war, einzelne bereits gedruckte Bogen des Textes, der in einem Sammelband mit anderen Gedichten Heines erscheinen sollte, der Hamburger Zensurbehörde vor. Da der gesamte Band mit dem Titel *Neue Gedichte* den Umfang von zwanzig Bogen (= 320 Seiten) überschritt, war aufgrund der 1819 erlassenen Vorschriften der Karlsbader Beschlüsse eine Vorzensur nicht notwendig, so daß der Band ohne Beanstandung durch den Zensor im September 1844 erscheinen konnte. Allerdings mußten Verleger und Autor insbesondere in Preußen mit einem nachträglichen Verbot rechnen, das schließlich auch erfolgte. Campe und Heine wollten jedoch parallel zu den *Neuen Gedichten* noch eine Separatausgabe des *Wintermährchens* auf den Markt bringen. Da diese Ausgabe unter der 20-Bogen-Marke lag, war eine Vorzensur unumgänglich, die dann auch

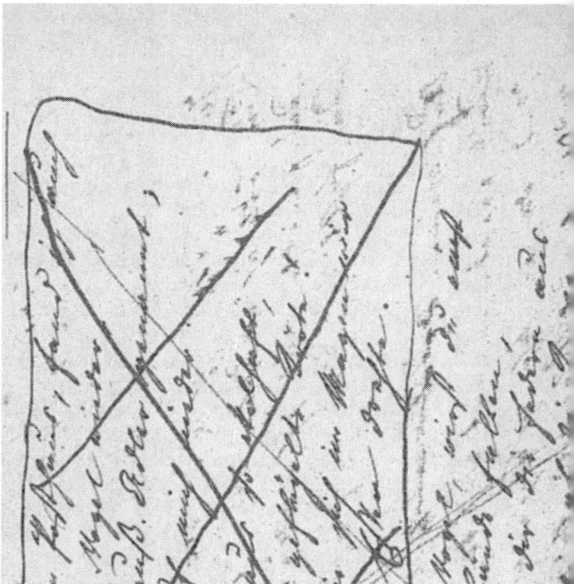

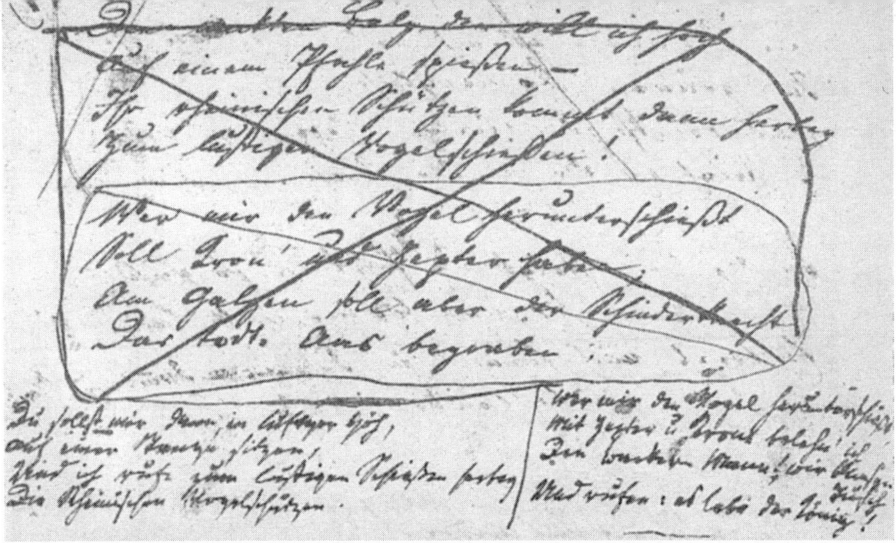

Druckvorlage zu Heinrich Heines Versepos *Deutschland. Ein Wintermährchen* (Caput III) mit Korrekturen aus Rücksicht auf die Zensur

verschiedene Eingriffe in den Text mit sich brachte, darunter auch entschärfende Veränderungen, die Heine selbst vornahm. Heine ergänzte den Text um ein Vorwort, in dem er u. a. auf die Zensurierung des Textes einging. Obwohl damit der Text insgesamt Heines Autorisation erfuhr, zeigt doch dieser Einzeldruck des *Wintermährchens* einen im Vergleich mit dem Abdruck in den *Neuen Gedichten* korrumpierten Text (vgl. DHA 4,958–970). In der Düsseldorfer Heine-Ausgabe hat sich deshalb der Editor des *Wintermährchens* entschlossen, den Erstdruck innerhalb der *Neuen Gedichte* als Textgrundlage zu wählen, um einen von der Zensur unbehelligten Text zu präsentieren, wobei die durch das Zensurverfahren provozierten Änderungen und Varianten des Separatdrucks einschließlich des Vorwortes unter den Varianten bzw. in einem Textanhang wiedergegeben werden. Vorstellbar ist jedoch auch eine Edition, die den Einzeldruck als Textgrundlage wählt, um auf diese Weise die Zensurfassung als rezeptionsgeschichtliche Tatsache zu dokumentieren, sowie eine Edition, die auf die handschriftliche Druckvorlage für den ersten Sammeldruck zurückgreift und gleichzeitig die ursprüngliche, von früheren selbstzensierenden Veränderungen freie Autorfassung rekonstruiert (vgl. zum Verhältnis von Zensur und Textkritik Kanzog, B 7: 1988; Plachta, B 7: 1999).

Dagegen scheint eine Entscheidung für die eine oder andere überlieferte Fassung im Fall von Georg Büchners Lustspiel *Leonce und Lena* nicht möglich zu sein. Von Büchners Lustspiel existiert mit Ausnahme eines handschriftlichen Bruchstücks als Entwurf der ersten Szene kein autographes Material. Dagegen ist der gesamte, dreiaktige Lustspieltext in zwei postumen Drucken überliefert, wobei der Text jeweils durch seine Herausgeber (Karl Gutzkow, Ludwig Büchner) redigiert wurde. Diese Redaktionen enthalten auch zahlreiche Eingriffe in den Text meistens an solchen Stellen, die den Herausgebern aus politischen, moralischen, aber auch aus sprachlich-stilistischen Gründen anstößig erschienen. Beide Drucke gehen auf heute verlorene Abschriften zurück, die unmittelbar in die Umgebung Büchners verweisen und vermutlich von Handschriften Büchners genommen worden sind. Dabei ist davon auszugehen, daß beide Abschriften aufgrund der schwer lesbaren Handschrift Büchners zahlreiche Verlesungen und Fehler enthielten. Die Analyse dieser schwierigen Überlieferung bleibt an vielen Stellen hypothetisch, so daß weder der eine noch der andere Druck als zuverlässige Textgrundlage herangezogen werden kann (vgl. Zeller, B 7: 1986/87; Woesler, B 7: 1986/87). Thomas Michael Mayer hat daher für eine kritische Studienausgabe folgendes Verfahren erarbeitet: An den Stellen, wo beide Drucke voneinander abweichen, wird der variante Text in Form einer Synopse präsentiert. Beiden Drucken ist dabei eine eigene Drucktype zugeordnet worden, und varianter Text wird zusätzlich durch einen Bruchstrich getrennt. Hat ein Text an der betreffenden Stelle eine Lücke oder zusätzlichen Text, bleibt der Raum der jeweils anderen Fassung frei (Büchner, B 1: 1987, 74; auch Büchner, HKA, 6):

↓ Die zwölf Unschuldigen
____
Von den zwölf Unschuldigen ist Keine, die nicht das horizon-

sehen
________________________________ in ihren
tale Verhalten dem senkrechten vorzöge. Sie sehen

weißen Kleidchen aus wie erschöpfte Seidenhasen

Meint der Herausgeber, sich bei Textvarianten aufgrund textkritischer Einsicht eher für die eine oder andere Fassung entscheiden zu können, markiert er seine Entscheidung mit einem senkrechten Pfeil, und gibt dem Benutzer damit – je nach Pfeilrichtung – einen Hinweis, wie er den Text lesen soll, ohne dabei die variante Fassung auszublenden. Kann er sich jedoch nicht entscheiden, entfällt der Pfeil.

Es ist gelegentlich davor gewarnt worden, die Edition nachgelassener Texte als einen editorischen Sonderfall zu betrachten, auf den mit spezifischen theoretischen und methodischen Überlegungen reagiert werden müßte (vgl. Scheibe, B 7: 1989, 28 f.). Allerdings sind die Probleme bei der editorischen Behandlung von nachgelassenen Texten – etwa Fragmenten, Entwürfen, Notizen, Exzerpten – häufig komplex und erfordern über die bislang dargelegten Prinzipien zur Bestimmung der Textgrundlage hinaus besondere Verfahrensweisen (hierzu zusammenfassend Woesler, B 7: 1979 und Nutt-Kofoth, B 5: 1999, 535–570). Nachgelassene Texte sind häufig nicht abgeschlossen, nur mit Mühe zu entziffern und enthalten auch immer wieder mehrere auf einem Manuskript aufgezeichnete Arbeitsstufen. Neben diesen äußerlichen Schwierigkeiten ist nicht immer zweifelsfrei zu entscheiden, ob z. B. ein Entwurf einem vom Autor veröffentlichten Text zugeordnet werden kann und damit als ein Element der Textgenese zu betrachten ist, oder ob dieser Entwurf vielmehr einen Text mit eigenständiger ästhetischer Struktur darstellt, der in Kontrast zu einem später veröffentlichten Text tritt, obwohl er Teile des früheren Textes übernimmt und integriert (z. B. Gedichte C. F. Meyers, hierzu Zeller in: *Sämtliche Werke* 2,112).

Wie soll der Editor etwa im Fall von Goethes *Faust II* verfahren, dessen Reinschrift der Autor 1831 mit der Maßgabe versiegelte, das Manuskript dürfe erst nach seinem Tode geöffnet und der Text nur postum veröffentlicht werden, wonach er dann aber 1832 das Konvolut öffnete und punktuell änderte? Soll der Editor die neue Textfassung von Vers 11580 »Auf freyem Grund mit freyem Volke stehn« berücksichtigen, oder soll er die ursprüngliche Fassung »Auf wahrhaft freyem Grund und Boden stehn« unangetastet lassen, die einer geschlossenen Arbeitsphase entstammte? Allerdings hatte dieser Vers schon in einer anderen, früher entstandenen Handschrift eine Korrektur von »Auf eignem Grund und Boden stehn« zu »Auf wahrhaft eignem Grund und Boden stehn« erfahren (Dietze, B 7: 1975; vgl. auch WA I,15.2,157), die in die Argumentation einbezogen werden sollte. Wie der Editor sich auch immer entscheidet, er prägt damit die Rezeption des Textes. Vor ähnliche Probleme sieht er sich im Fall von Alternativvarianten gestellt, mit denen er bei nachgelassenen Texten immer rechnen muß. Wie soll er mit Fällen umgehen, wo sich der Autor selbst noch nicht entschieden und sich unterschiedliche Möglichkeiten notiert hat, um sie bei einer späteren, dann allerdings unterbliebenen Revision noch einmal zu erwägen? Die Editoren verfahren in diesen Fällen nicht einheitlich. Geht man davon aus, daß der Editor dem Leser einen lesbaren, d. h. einen von diakritischen Zeichen und Varianten freien Text bieten möchte, dann muß er eine Entscheidung zwischen alternativen Versionen treffen. Denkbar ist es, daß er die älteste erkennbare Fassung als Edierten Text präsentiert, die Alternativen jedoch im Apparat verzeichnet, so daß sie für den Leser weiterhin verfügbar sind. Denkbar sind aber auch Verfahrensweisen, wie sie für die dramatischen Fragmente Schillers in der Schiller-Nationalausgabe (Bd. 11 und 12) zur Anwendung gelangten. Prinzip der Edition war hier, auf eine u. U. als diplomatisch zu verstehende Wiedergabe der entsprechenden Handschriften zugunsten eines Verfahrens zu verzichten, das »die strukturelle Räumlichkeit zum Prinzip der Textanordnung« (Kraft, B 5: 1990, 112) erhob. Ebenso wird auf die Konstitution eines ›Lese‹textes verzichtet, der Text soll in seiner Präsentation vielmehr als Fragment zur Kenntnis genommen werden (vgl. auch Kraft, B 7: 1975). Das Ergebnis ist eine spaltenweise Wiedergabe des handschriftlichen Befundes, in den jeweils die Textschichten, Streichungen und Nachträge integriert sind: »In den räumlichen Relationen von chronologisch differenten, aber strukturell äquivalenten Texteinheiten ist der Entstehungsprozeß als textliche Struktur fixiert« (Kraft, B 5: 1990, 110f.; Beispiele ebd., 113–123).

6
Textkonstitution: Schreibversehen, Druckfehler, Textfehler

Neben der Auswahl und Festlegung der Textgrundlage gehört deren Untersuchung auf Textfehler – Schreibversehen, Druckfehler, sinnentstellende Irrtümer – zu den wichtigsten und nicht immer einfach bzw. zweifelsfrei zu bewerkstelligenden Operationen des Editors bei der Konstitution des Edierten Textes. Die Definition, was ein zu verbessernder Fehler ist und ob oder wie in einen Text eingegriffen werden darf und soll, gehört seit jeher zu den in der Editionswissenschaft umstrittenen Fragen (vgl. Hurlebusch, B 7: 1996, 463 f.). Während sich der klassische Philologe und der Textkritik betreibende Mediävist vor die Aufgabe gestellt sehen, aus einer vielfach korrupten Überlieferung, von der ungewiß ist, inwieweit sie auf den Autor zurückgeht, einen Text zu gewinnen, der dem des verlorenen Originals möglichst nahe kommt, hat es der neuphilologische Editor häufig mit mehreren autorisierten Textträgern zu tun, die jeweils einen authentischen Text repräsentieren. Bei der Edition von antiken oder mittelalterlichen Texten ist es notwendig, aus der gesamten Überlieferung schrittweise einen Text zu erarbeiten, mit dem jedoch nur annähernd der Autortext wiedergewonnen werden kann. Dieses Verfahren geschieht heutzutage auf der Grundlage einer Leithandschrift, deren Text nur bei offenkundigen Verderbnissen durch Heranziehung von Text aus anderen Handschriften verbessert wird. Daneben findet immer häufiger auch das Verfahren Anwendung, eine einzelne Handschrift zu edieren und auf diese Weise einen historisch wirksamen Text (»textus receptus«) zu dokumentieren (vgl. Bein, B 5: 1990, 30–32). Dagegen haben sich frühere Editoren häufig zur Kontamination verschiedener Textträger veranlaßt gesehen und damit einen Mischtext erstellt. Ein solches Verfahren gilt sowohl für die Edition antiker und mittelalterlicher Texte als auch für Texte neuerer Autoren nicht nur als problematisch, sondern inzwischen auch als verpönt. Im 19. Jahrhundert hat es noch Versuche gegeben, die Verfahren der klassischen Textkritik für Texte neuerer Autoren anzuwenden. Karl Lachmann erläuterte etwa für seine Lessing-Ausgabe: »Der Text Nathans des Weisen ist ebenfalls neu und richtiger als irgend ein früherer, aus den beiden ersten Drucken zusammengesetzt, deren Verschiedenheiten sämtlich angemerkt sind« (Lachmann, B 7: 1876, 554). Auch wenn Lachmann über sein Verfahren Rechenschaft ablegt, beruht sein *Nathan*-Text auf der Kontamination zweier Drucke. Dieser Editionsmethode lag die Vorstellung zugrunde, der Editor habe sich als Vollstrecker des Autorwillens zu betrachten und den authentischen Text zu präsentieren, auch wenn dieser in der vom Editor vorgelegten Form nie existiert hatte. Es hat lange gedauert, bis sich die Editoren zu der Einsicht durchringen konnten, daß das Erkennen und Emendieren von Textfehlern »den Geltungsbereich der Autorisation« (Zeller, B 7: 1971, 61) tangiert und daß die kategorial andere Überlieferung von Texten neuerer Autoren auch einen anderen Umgang mit dem Wortlaut des Textes verlangt. In dem Maße, wie sich die Editoren von einem autorzentrierten Textbegriff verabschiedeten und einen allgemeinen und unverbindlichen favorisierten, wurden Überlegungen angestellt, Textfehler und ihre Beseitigung zu definieren. Dabei versuchte man, »strenge formale Kriterien« (Scheibe, B 7: 1971, 42) zu entwickeln, um nicht nur die Emendation auf das unbedingt Notwendige zu beschränken, sondern auch die Definition des Textfehlers möglichst eng zu fassen, um das emendatorische Vorgehen frei von ästhetischen oder interpretatorischen Erwägungen zu halten (Scheibe, B 7: 1982, 25):

> Eingriffe in die Textgestalt sind nur dann zulässig, wenn eindeutige Druckfehler (bei Handschriften: Schreibfeh-

ler) vorliegen, die ebenfalls eindeutig zu korrigieren sind. Als Fehler in dieser Bedeutung ist anzusehen, was für sich oder im engeren Kontext keinen Sinn zuläßt, der vom Autor tatsächlich gemeint ist.

Nicht nur wegen der Enge dieser Definition, sondern auch wegen der Schwierigkeit, festzulegen, was den »Sinn« eines Textes ausmacht, wurde Kritik geäußert. Hans Zeller hatte schon 1971 Scheibes erstmals vorgelegte Definition aufgegriffen und ergänzend hinzugefügt: »In Bezug auf die neuere Literatur ist ›Sinn‹ zu verstehen als textspezifische Logik, als textinterne Struktur« (B 7: 1971, 70). Auch Zeller warnte damit vor vorschnellen Texteingriffen und wollte im Zweifelsfall eher einen »relativ ›schlechteren‹ Text in Kauf« nehmen, »als mit der ›Herstellung des besten Textes‹ den historischen Boden unter den Füßen zu verlieren« (ebd., 73; vgl. aber auch die Relativierung seiner Position, B 7: 1989, 12).

Mit den Definitionen Scheibes und Zellers läßt sich eine Vielzahl von Textfehlern erkennen und beheben. Winfried Woesler stellte aber die Frage, was mit den Fehlern geschieht, »wo der Text sinnvoll scheint und trotzdem fehlerhaft ist« (B 7: 1991b, 58) und aufgrund von Scheibes oder Zellers Definition nicht eingegriffen würde. Woesler sieht sich stets von der Überlegung geleitet, daß der Autor nicht absichtlich einen Textfehler produzieren wollte, sondern dieser »seiner Botschaft« gegen seinen Willen widerfahren sei. Der Editor habe sich daher um das »ursprüngliche Sinnkontinuum des Textes« zu bemühen und aus unterschiedlicher Perspektive (z. B. Überlieferung, Textkritik, kultureller Kontext) nach der »ratio« des Fehlers an der zu heilenden Textstelle zu fragen (B 7: 1991b, 55, 70).

Die Diskussion um die Emendation hat sich u. a. immer wieder auf zwei Beispiele bezogen, und zwar auf einen Vers in der *Zueignung* zu Goethes *Faust* und auf einen Vers in der Ballade *Der Rappe des Komturs* von Conrad Ferdinand Meyer.

Goethes Text findet sich in fast allen heute greifbaren Ausgaben in folgender Version (Hervorh.: B. P.):

Sie hören nicht die folgenden Gesänge,
Die Seelen, denen ich die ersten sang;
Zerstoben ist das freundliche Gedränge,
Verklungen ach! der erste Widerklang.
Mein *Leid* ertönt der unbekannten Menge,
Ihr Beifall selbst macht meinem Herzen bang,
Und was sich sonst an meinem Lied erfreuet,
Wenn es noch lebt, irrt in der Welt zerstreuet.

Diese Textgestalt folgt der Weimarer Ausgabe von *Goethes Werken* (I,14,5f.), die wiederum auf dem Text der »Ausgabe letzter Hand« beruht. Allerdings ist das Wort »Leid« schon in einem Druckfehlerverzeichnis, das dem Erstdruck des *Faust* (1808) beigegeben war, eindeutig als Druckversehen für die richtige Form »Lied« bezeichnet worden. Dieser Beleg würde dem Editor das Argument an die Hand geben, den Wortlaut von »Leid« in »Lied« zu verändern, obwohl der Fehler mit einer Ausnahme in allen zu Lebzeiten Goethes erschienenen Ausgaben weitertransportiert worden ist. Aus diesen Gründen hat die Goethe-Akademie-Ausgabe eine Emendation zugunsten des Wortes »Lied« vorgenommen. Dennoch ist Vorsicht geboten, denn es ist nicht mit Sicherheit auszuschließen, daß Goethe diesen Druckfehler trotz des Druckfehlerverzeichnisses im Erstdruck in weiteren Ausgaben autorisiert hat, weil er möglicherweise Gefallen an der eigentlich fehlerhaften Version gefunden hat. Diese Version ergibt im Kontext des *Zueignungs*-Gedichts sogar Sinn, da es in der zweiten Gedichtstrophe heißt: »Der Schmerz wird neu, es wiederholt die Klage / Des Lebens labyrinthisch irren Lauf« (WA I,14,5).

Die Verse von Conrad Ferdinand Meyers Ballade *Der Rappe des Komturs* lauten im Erstdruck (1873) (Hervorh.: B. P.):

Die Comturei mit *Thurm* und *Chor*
Ragt' *bleich* im Mondenglanz *empor*

Dieser Wortlaut wird durch die von Meyer angefertigte Vorlage für den Druck und einen weiteren handschriftlichen Textträger von Meyers Schwester gestützt. Im Verlauf der weiteren Druckgeschichte (hierzu im einzelnen Zeller, B 7: 1975, 117f.) verändert sich aber dieses Verspaar signifikant, so daß der Text 1882 in der ersten Sammlung von Meyers Gedichten heißt (Hervorh.: B. P.):

Die Comturei mit *Thurm* und *Thor*
Ragt *weiß* im Mondenglanz empor.

Würde die Veränderung von »Chor« zu »Thor«, die die Korrektur eines zunächst nicht bemerkten Druckfehlers nahelegen würde, nicht mit der Veränderung von »bleich« zu »weiß« zusammenfallen, wäre dieses Beispiel hinsichtlich der Emendation unproblematisch. Ein Eingriff wäre sowohl zu erwägen als auch zu verwerfen, denn beide Versionen sind im Gedichtkontext sinnvoll, wenn sie auch ohne genaue Kenntnis des historischen Ortes, auf den hier angespielt wird, nicht sofort verständlich sind. Hans Zeller hat bei der erstmaligen Diskussion dieses Beispiels darauf hingewiesen, daß die gemeinte Johanniterkomturei in Küsnacht am Zürichsee bis heute »neben dem Turm einen über das Schiff überhöhten spätgotischen Chor« zeigt, der den Gebäudekomplex überragt, wogegen es ein Tor niemals gab (B 7: 1971, 68f.). Auch andere Belege aus dem Werk Meyers und seine bekannte Korrektheit bei der Beschreibung von Topographika machen deutlich, daß die Fassung des Erstdrucks im Vergleich mit der späteren in den Gedichtsammlungen die prägnantere ist und insofern für die späteren Drucke eine fehlerhafte Stelle (»Thor«) vermuten lassen könnte. Zeller konnte auch mit überzeugenden, hier nicht näher auszuführenden Argumenten nachweisen, daß es sich bei der Form »Thor« letztlich um eine vom Autor nicht bemerkte Textentstellung handelt, die der Editor mit gutem Gewissen emendieren könne, wie auch in der historisch-kritischen C.-F.-Meyer-Ausgabe geschehen (1,367, V. 33). Dennoch stellte Zeller mit diesem Beispiel seine Definition des Textfehlers grundsätzlich in Frage und spitzte sie dahingehend zu, »ob der fragliche (durch einen Druckfehler entstellte) Text dem Autor im Zusammenhang dieser Stelle zuzutrauen, *ob die betreffende Stelle in diesem Text nicht unmöglich ist, d. h. ob sie einen in diesem Text irgendmöglichen Sinn ergibt«* (B 7: 1971, 70).

Immer wieder wird sich der Editor aber mit der Situation konfrontiert sehen, einen erkannten Fehler nicht korrigieren zu können, ohne in den Sinn des Textes einzugreifen. In der Novelle *Die Judenbuche* von Annette von Droste-Hülshoff kehrt der Protagonist Friedrich Mergel am »Vorabende des Weihnachtsfestes, den 24sten December 1788« aus der Gefangenschaft zurück. Die Erzählung findet ihr Ende mit seinem Selbstmord, der sich im »September des Jahrs 1788« zuträgt. Die Unvereinbarkeit der beiden Zeitangaben liegt auf der Hand, ohne daß der Editor durch einen Eingriff zu einem befriedigenden Ergebnis kommen würde. Zunächst wäre es logisch, die zweite Zeitangabe in das Jahr 1789 zu verändern. Diese Konjektur würde aber im Widerspruch zu einer anderen Textstelle stehen, in der es ausdrücklich heißt, Mergel sei »acht-und-zwanzig Jahre« nach dem Mord an dem Juden »im Oktober [...] 1760« nach Hause zurückgekehrt (Droste, HKA, 5.1,27.35.42). Offensichtlich hat die Autorin diese erzähltechnische Inkonsequenz nicht bemerkt, die auch durch einen editorischen Eingriff nicht zu beheben, allerdings in einem Kommentar zu diskutieren ist (Droste, HKA, 5.2,246–248; vgl. auch Woesler, B 7: 1991b, 57).

Eine vergleichbare Situation liegt für das Anfangslied in Joseph von Eichendorffs Novelle *Aus dem Leben eines Taugenichts* vor (vgl. Polheim, B 7: 1985, 330–332). In der

Fassung der ersten, zu Lebzeiten des Autors erschienenen Gesamtausgabe (1841) heißt die erste Strophe:

Wem Gott will rechte Gunst erweisen,
Den schickt er in die weite Welt,
Dem will er seine Wunder weisen
In Berg und Wald und Strom und Feld.

Dagegen lautet der vierte Vers dieser Strophe im Erstdruck von 1826, für den im Gegensatz zur Gesamtausgabe von 1841 Eichendorffs Autorisation belegt ist, in deutlich ›schlechterer‹ Textqualität: »In Feld und Wald und Strom und Feld«. Ein handschriftlicher Textträger bietet noch eine weitere Variante, die den Verdacht erhärtet, der Erstdruck sei an dieser Stelle fehlerhaft: »In Fels und Wald und Strom und Feld«. Aber die Kriterien, die für eine Emendation anzuwenden sind, greifen an dieser Stelle nicht, denn trotz der Doppelung des Wortes »Feld« im Erstdruck ist der Sinn nicht angetastet, und ein editorischer Eingriff zugunsten eines ›besten‹ Textes verbietet sich demnach. Karl Konrad Polheim hält es dennoch für gerechtfertigt, über den Weg der Textanalyse eine Lösung zu finden: »Interpretierend erkennen wir, daß der ästhetische Informationswert des Wortes ›Fels‹ höher anzusetzen ist, nicht nur als das wiederholende ›Feld‹, sondern auch als das sekundäre ›Berg‹. Entsteht durch dieses nur eine neue Wiederholung mit der Zeile ›Die Bächlein von den Bergen springen‹, so vervollständigt das ursprüngliche ›Fels‹ mit ›Feld‹ die vorhandenen Stabreime: ›Wunder/Wald‹, ›Bächlein/Bergen‹, ›Lerchen/Lust‹« (B 7: 1985, 331). Überdies weist Polheim darauf hin, daß der Fehler seine Ursache wohl in Eichendorffs Schreibung des Schluß-*s* hat, das bei ihm dem *d* ähnelt; »Fels« wurde vom Kopisten als »Feld« gelesen, das auf diese Weise vom Autor unbemerkt in den Druck gelangte. Daß der Editor den Text des Erstdrucks hier korrigieren wird, ergibt sich also nicht nur aus seinem Interpretationsversuch, sondern ebenso aus der Analyse des Befunds der Textträger.

Welche Gefahren bei der Entscheidung für oder gegen eine Emendation über den Weg der Interpretation drohen, zeigt ein Fall aus Franz Kafkas Erzählung *Erstes Leid,* dem Roland Reuß (B 7: 1995) eine grundsätzliche Betrachtung widmet. Der Anfang der Erzählung lautet im Erstdruck in der von Carl Georg Heise und Hans Mardersteig herausgegebenen Zeitung *Genius* (1921, 312 f.; Hervorh.: B. P.):

> Ein Trapezkünstler – bekanntlich ist diese hoch in den Kuppeln der großen Varietebühnen ausgeübte Kunst eine der schwierigsten unter allen, Menschen erreichbaren – hatte, zuerst nur aus dem Streben nach Vervollkommnung, später auch aus tyrannisch gewordener Gewohnheit sein Leben derart eingerichtet, daß er, solange er im gleichen Unternehmen arbeitete, Tag und Nacht auf dem Trapeze blieb. Allen seinen, übrigens sehr geringen Bedürfnissen wurde durch einander ablösende Diener entsprochen, welche unten wachten und alles, was oben benötigt wurde, in eigens konstruierten Gefässen hinauf- und *hinabgezogen.* Besondere Schwierigkeiten für die Umwelt ergaben sich aus dieser Lebensweise nicht; [...].

Auch der erneute Druck der Erzählung im *Hungerkünstler*-Band (1924) hat den Wortlaut des Erstdrucks übernommen. Zumindest für den zweiten Druck ist belegt, daß Kafka Korrektur gelesen hat. Und dennoch ist ihm entgangen, daß der zweite Satz der Erzählung syntaktisch fehlerhaft ist, da die Satzkonstruktion kein Partizip zuläßt, also das falsche »hinabgezogen« durch die richtige Form »hinabzogen« zu emendieren wäre. Abgesichert ist ein solcher Eingriff durch zwei Handschriften, zum einen durch ein Arbeitsmanuskript (Faksimile in: Kritische Ausgabe, *Das Schloß*, Apparatband, 75) und zum anderen durch die handschriftliche Druckvorlage. Beide handschriftlichen Textträger haben die syntaktisch korrekte Form »hinabzogen« und legitimieren damit ohne Frage den Editor, den fehlerhaften Text des Erstdrucks zweifelsfrei zu emendieren. In dieser Weise hat auch die Kritische Kafka-Ausgabe entschieden (*Drucke zu Lebzeiten,* Textband, 317, Apparatband, 410). Gegen die Überlieferung würde der Editor emendieren, wenn er das Satzgefüge um ein zweites »wurde« ergänzt: »und alles, was oben benötigt wurde, *wurde* hinauf- und hinabgezogen.« Reuß hat sich nun strikt gegen jegliche Emendation ausgesprochen, um einer »Provokation der Überlieferung« und damit auch der »Subjektivität dieser Texte« zu ihrem aus textkritischer Perspektive mindestens zweifelhaften Recht zu verhelfen: »die in ihr beschlossene, sie allererst individuierende Möglichkeit, sich selbstreflexiv auf sich zu beziehen, wird zu Zwecken einfacherer und standardisierter Verwaltung von Problemen übergangen und durch dieses Verfahren mit der Selbstreflexion des wissenschaftlichen Prozesses auch die seines ›Gegenstandes‹ verleugnet« (B 7: 1995, 13,17).

Diese wenigen Beispiele und das im Vergleich mit Verfahrensweisen des 19. Jahrhunderts differenziertere Vorgehen und seine methodische Reflexion lassen den heutigen Editor immer vorsichtiger mit Texteingriffen umgehen; ein Blick auf die Emendationslisten in den großen historisch-kritischen Ausgaben bestätigt dies.

7
Varianten und Textgenese

Das Textverständnis ist entscheidend davon abhängig, welche Einsichten ein Interpret auch aus der Analyse des dichterischen Vorgangs gewinnt. Ebenso einsichtig dürfte es sein, daß eine umfassende Textkenntnis nur unter Einbeziehung der Textgenese und der Varianten eines Textes möglich ist. Den Prozeß der Textentstehung über mehrere Bearbeitungsstufen hinweg zu verfolgen und in einem Apparat verständlich darzustellen, ohne daß der Leser auf die originalen Handschriften, Typoskripte oder Drucke, in denen sich die Textgenese vollzieht, zurückgreifen muß, wird heute als eine der wichtigsten editorischen Aufgaben angesehen. Allerdings sind die dafür entwickelten Darstellungsverfahren nicht immer ohne weiteres zu verstehen, weil ihre Prinzipien aufgrund unterschiedlicher literaturtheoretischer und editionsmethodischer Ansichten variieren. Die Uneinheitlichkeit und Kompliziertheit vieler Apparate, ihrer Zeichensysteme und ihrer deskriptiven Beigaben resultieren in vielen Fällen zusätzlich aus der spezifischen Überlieferung eines Textes oder der hermetischen Arbeitsweise eines Autors. Eine von Korrekturen übersäte und mit vielen Einfügungen oder Umstellungen versehene Handschrift wird immer ein Gegenstand bleiben, der nur mühsam zu entschlüsselnde Sachverhalte und Informationen des Arbeitsprozesses enthält. Deren Wiedergabe setzt meistens eine langwierige Entzifferungs- und Verstehensarbeit voraus, die der Editor stellvertretend für den Leser übernimmt. Jede Übertragung einer solchen Analyse in das Medium einer Edition kann nur eine Rekonstruktion sein, der eine wesentliche Dimension – und zwar die des Originals – verlorengegangen ist und deren Ergebnis niemals den Anspruch absoluter Objektivität einlösen wird.

Gerade an diesem Punkt hat sich immer wieder die Diskussion der Editoren um Ziele und Darstellungsverfahren textgenetischer Apparate entzündet. Ergebnis dieser Diskussion ist eine Vielfalt von Apparattypen, denen jeweils ein eigenes Benutzungssystem zugrunde liegt (vgl. Zeller, B 7: 1986; Scheibe [u. a.], B 5: 1988, 85–159). Allerdings lassen sich diese Apparattypen besser verstehen, wenn man sich einige editorische Modelle für die Darstellung textgenetischer Befunde vor Augen führt (vgl. Scheibe [u. a.], B 7: 1991) und deren Merkmale an Beispielen diskutiert.

1. Einzelstellenapparat

Der Einzelstellenapparat ist der einfachste Typ und bietet sich für die Verzeichnung von Korrekturen an, die in keinem komplexen Zusammenhang miteinander stehen. Die Textabweichungen zwischen mehreren Drucken etwa lassen sich durch diesen Apparattyp sinnvoll darstellen, ebenso die Wiedergabe von Korrekturen und eventuellen Varianten in Briefen. Es werden zwei Formen unterschieden: der ›positive‹ und der ›negative‹ Apparat.

Beim positiven, dem lemmatisierten Apparat wird zunächst das entsprechende Bezugswort (Lemma) aus dem Edierten Text angegeben, es folgt eine nach links geöffnete eckige Klammer. Danach wird die jeweilige Varianz verzeichnet und mit einer Sigle für den Textträger bzw. den Schreiber geschlossen.

Edierter Text:
das große Haus am Bach

abweichender Druck D^2:
das große Schloß am Bach

Apparat:
Haus] Schloß D^2

Der ›negative‹ Apparat verzichtet dabei auf ein Bezugswort:

Edierter Text:
das große Haus am Bach

abweichender Druck D^2:
das große Schloß am Bach

Apparat:
Schloß D^2

Sollte die Auffindung der Variante im Edierten Text nicht eindeutig sein (im gewählten Beispiel könnte »Schloß« auch »Bach« ersetzen), ist die Ergänzung eines weiteren Wortes sinnvoll, das den genauen Kontext angibt und eindeutig mit der zu verzeichnenden Variante in Verbindung steht. Dieses Anschlußwort kann sowohl vor als auch nach der Variante stehen.

Edierter Text:
das große Haus am Bach

abweichender Druck D^2:
das große Schloß am Bach

Apparat:
große Schloß D^2

Will man auf diese Weise Korrekturen in Handschriften oder Typoskripten verzeichnen (Beispiele bei Scheibe, B 7: 1991, 33–36; Woesler, B 7: 1991a, 56–59), muß der Apparat jeweils um eine Zeichenkombination ergänzt werden, die den Korrekturvorgang (Tilgung, Ergänzung, Umstellung usw.) entsprechend präzise bestimmt. Solche Zeichenkombinationen variieren je nach Edition. (Für Tilgungen hat sich z. B. weitgehend als Zeichen die eckige Klammer [ ] durchgesetzt.) Die Variantenwiedergabe wird auch hier durch eine Sigle abgeschlossen, die den Textträger bzw. den Schreiber bezeichnet.

2. Einblendungsapparat

Bei diesem Apparatmodell werden die auftretenden Varianten oder Korrekturvorgänge unmittelbar in den fortlaufenden Text ›eingeblendet‹, wobei der Zweckmäßigkeit halber stets die Genese nur eines Textträgers zugrunde gelegt werden sollte. Aber auch mehrere Textträger lassen sich in einem Einblendungsapparat zusammenfassen, wenn die Abweichungen nicht zu umfangreich sind. Die verschiedenen Korrekturformen werden durch Zeichen und Zeichenkombinationen kenntlich gemacht, z. B. durch eckige Klammern für Streichungen oder Häkchen für Einfügungen. Diese Zeichen variieren wiederum je nach Edition. Liegt ein Textträger vor, der von unterschiedlichen Händen oder mit Hilfe unterschiedlicher Schreibmaterialien (Tinte, Bleistift oder Rötel) bearbeitet worden ist, wird den Korrekturen jeweils eine Sigle beigegeben, die den Schreiber und/oder das Schreibmaterial bezeichnet.

Zwei Beispiele sollen diesen Apparattyp erläutern, und zwar durch ausgewählte Passagen aus Goethes Memoirenwerk *Dichtung und Wahrheit* und aus Klopstocks *Arbeitstagebuch.*

Die Apparatprobe aus der von Siegfried Scheibe erarbeiteten historisch-kritischen Edition von Goethes *Dichtung und Wahrheit* (DuW 2,358) bezieht sich auf eine Textpassage aus dem 17. Buch (= 4. Teil), in der die Beziehung zu Lili Schönemann geschildert wird (vgl. hierzu auch Zeller, B 7: 1986, 51). Die variante Passage entstammt einer Textredaktion (H^{g219}), die erst nach Goethes Tod entstanden ist und in spitzen Klammern linear in den Text eingeblendet Korrekturen von Riemer (*Ri*) und Bleistiftkorrekturen von Eckermann (*Ec*^{b}) dokumentiert. Der in der Altphilologie gebräuchliche kursive Doppelpunkt entspricht der Lemmaklammer, das Zeichen > weist auf eine Sofortkorrektur, und die Abkürzungen *propon* und *erg* sind in »schlägt vor« bzw. »ergänzt« aufzulösen.

> ṣich ⟨*:*ich *Ec*^{b}⟩ konnte nicht ohne sie, sie nicht ohne mich seyn; aber ⟨so >⟩ in den Umgebungen und bey den Einwirkungen Anderer, ⟨*:*ihres Kreises, *propon Ri :* einzelner Glieder ihres Kreises, *Ec*^{b}⟩ was ergaben sich da ⟨oft *erg RiEc*^{b}⟩) für Mißtage und Fehlstunden! (*Ec*^{b})*H*^{g219}

Für Klopstocks *Arbeitstagebuch* hat Klaus Hurlebusch das Verfahren der linearen Varianteneinblendung durch einen verfeinerten Bestand an diakritischen Zeichen erweitert. Der Apparat ergänzt auch hier einen Edierten Text, der als Lesetext frei von diakritischen Zeichen ist. Eckige Klammern bezeichnen Tilgungen, unvollständige eckige Klammern ⌈⌉ Hinzufügungen. Die kleinen Dreiecke ▹◃ markieren jeweils den Umfang einer Änderung. Dabei zeigt der kursive Doppelpunkt an, daß es sich um eine Spätvariante handelt; der ›Blitz‹ ϟ kennzeichnet eine Sofortkorrektur; das Zeichen > gibt an, daß die Chronologie der Variantenfolge unklar ist. Eine hochgestellte kleine Spitzklammer zeigt an, daß der durch Korrektur erfolgte Texteinsatz unter Verwendung von ersetztem Text hergestellt wurde. Vom Editor ergänzter Text ist in spitzen Klammern eingeschlossen. Das Pluszeichen markiert einen vom Editor gebildeten Absatz (S. 50):

> Die Franzosen, [die] ▹*:* welche◃ die Prosa der Gesellschaften u was derselben nahekömmt, in Europa [am] [besten] ▹*:* [IN EUROPA] mit der meisten Feinheit, u vielleicht am besten *:* MIT DER MEISTEN FEINHEIT, U

VIELLEICHT AM BESTEN in ganz Europa◃ schreiben, haben ▹⌊ihren´⌋ [poetischen'] ◃ϟ ‘ihre ‘poetische Sprache unter allen angeführten Nationen am wenigsten ⌈von der pros<aischen>⌉ unterschieden. Einige von ihren [grossen] Genies ▹> IHREN GENIES◃ haben selbst über [diese] ▹.· die◃ Fesseln geklagt, die sich die Nation von ihren Grammaticis u [vielleicht] [auch] von ▹> U VON◃ ihren petits Maitres hat anlegen lassen. Unterdeß würde man sich sehr irren, wenn man glaubte daß ihre poetische Sprache gar nicht von ihrer prosaischen unterschieden wäre. Sie ist dieß oft sehr, u wenn sie es, noch öfter, nicht ist; so haben wir wenigstens das Vergnügen, da wo wir bey ihnen, den poetischen Ausd<ruck> vermissen, [schon]ϟ [an seiner statt] schöne ▹> VERMISSEN, SCHÖNE◃ Prosa zu finden. Ein Vergnügen,+

3. Treppenapparat

Die Form des Treppenapparates bietet sich für Textträger an, die durch Textabbrüche gekennzeichnet sind, z. B. dadurch, daß der Autor immer wieder Sofortkorrekturen vorgenommen oder sich alternative Formulierungen notiert hat, die er erst in einem späteren Korrekturgang einer Revision unterzog. Eine solche ›aufschwellende‹ Arbeitsweise erkannte Friedrich Beißner bei Hölderlin und entwickelte erstmals die Treppenmethode für einen textgenetischen Apparat. Anwendbar ist diese Methode aber ebenso bei einem Arbeitsverfahren, in dem die Grundschicht eines Textes vollständig niedergeschrieben und erst in weiteren Arbeitsschritten korrigiert und überarbeitet worden ist. Beim Treppenapparat werden die Korrekturfolgen mit einer aufsteigenden Ziffern- bzw. Buchstabenfolge entsprechend der textgenetischen Chronologie bezeichnet. Dabei ist zu beachten, daß die jeweils höhere Textstufe die vorangehende aufhebt: Textstufe (2) hebt Textstufe (1) und Textstufe (b) hebt Textstufe (a) auf usw. (vgl. Beißner, B 7: 1958, 18 f.).

Demonstriert werden soll diese Apparatform für das Entwurfsmanuskript (H^1) der neunten Strophe von Heines Gedicht *Nachtgedanken* (1843). Das Zeichen /::/ umschließt Wiederholungen von Wörtern, Textpassagen und Interpunktionszeichen durch den Editor, die in der Handschrift nur einmal vorkommen. Unterpunktierung kennzeichnet unleserliche Buchstaben bzw. Wörter. Eckige Klammern markieren Streichungen Heines.

Edierter Text (DHA 2,130):

Und zählen muß ich – Mit der Zahl
Schwillt immer höher meine Qual,
Mir ist als wälzten sich die Leichen
Auf meine Brust – Gottlob! sie weichen!

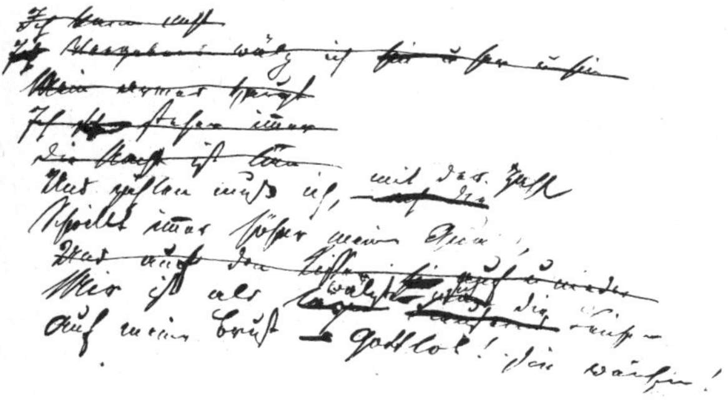

Entwurf zu Heinrich Heines Gedicht *Nachtgedanken* (Str. 9)

Apparat (DHA 2,774):

Und *bis* weichen!]
(1) Ich kann nicht
(2) Ich
(3) Vergebens wälz ich
(a) hin u
(b) her u hin
Mein armes Haupt
(4) Ich [sch..] stẹhen immer
(5) Die Nacht ist län
(6) Und zählen muß ich,
(a) ach die
(b) – mit der Zahl
Schwillt immer höher meine Qual,
(a^1) Und auf den Kissen [hin] auf u nieder
(b^1) Mir ist als lägen tausend Leichen
(c^1) /: Mir ist als :/
(a^2) wälzten /: tausend Leichen :/
(b^2) /: wälzte :/ man die /; Leichen :/
(c^2) /: wälzte :/ sich /: die Leichen :/
Auf meine Brust – Gottlob! sie
weichen! H^1

4. Synoptischer Apparat

Die synoptische Textdarstellung faßt mehrere Textstufen zusammen. Die Zeilen bzw. Verse werden für alle Bearbeitungsstufen jeweils parallel angeordnet. Damit ist die Textgenese über sämtliche Bearbeitungsstufen hinweg auf einen Blick wie in einer Partitur zu verfolgen. Diese Apparatform eignet sich für die Verzeichnung von Varianten, die in dichter Folge auftreten und in sich erkennbar geschichtet sind. In dieser Darstellungsform wird zunächst die Grundschicht des Textes wiedergegeben. Daran schließt sich die parallele

Wiedergabe sämtlicher überlieferter Korrekturen, Varianten oder Ergänzungen an, wie sie sich in anderen Textträgern bzw. als unterscheidbare Textstufen eines Textträgers finden lassen. Die Darstellung ist sowohl auf vertikaler als auch auf horizontaler Ebene zu benutzen. Jede einzelne Zeile dieser Synopsis erhält zusätzlich einen Verweis auf Vers oder Zeile des Edierten Textes. Darauf folgt eine Sigle für den betreffenden Textträger, so daß eine Orientierung in der Gesamtüberlieferung stets möglich ist. Anwendung findet diese Apparatform häufig bei sogenannten »Papierarbeitern«, deren Arbeitsprozeß sich auf zahlreichen Textträgern oder in zahlreichen Textstufen auf einem einzigen Textträger niederschlägt.

Demonstriert werden soll diese Apparatform an dem Gedicht *Der Zweifler* von Bertolt Brecht. Zugrunde gelegt wird ein Schreibmaschinentyposkript (Sigle T1: Grundschicht mit Sofortkorrekturen; T1.1: spätere Korrekturen im Typoskript auf T1; T2: vermutlich spätere Einfügung in das Typoskript), das handschriftlich mit Bleistift (Sigle: H3) überarbeitet worden ist. Das Typoskript wird im Bertolt-Brecht-Archiv in Berlin verwahrt (Signatur BBA 338/8). Die weitere Überlieferung dieses Gedichts in seinen Drukken wird hier nicht berücksichtigt. Das Zeichen " zeigt die Wiederholung des darüberstehenden Worts oder Satzzeichens an (vgl. auch Seidel, B 5: 1977, 168–171).

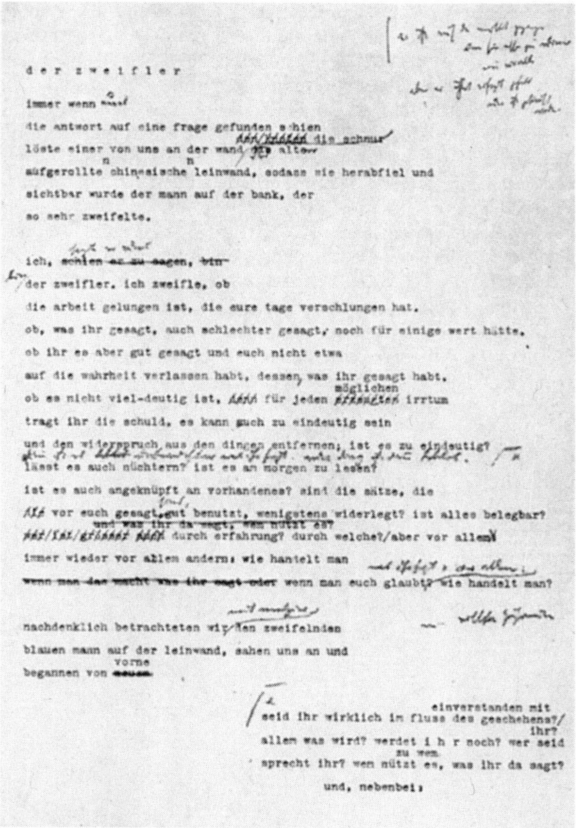

der zweifler

immer wenn uns
die antwort auf eine frage gefunden schien
löste einer von uns an der wand die schnur der alten
aufgerollten chinesischen leinwand, sodass sie herabfiel und
sichtbar wurde der mann auf der bank, der
so sehr zweifelte.

ich,
der zweifler. ich zweifle, ob
die arbeit gelungen ist, die eure tage verschlungen hat.
ob, was ihr gesagt, auch schlechter gesagt, noch für einige wert hätte.
ob ihr es aber gut gesagt und euch nicht etwa
auf die wahrheit verlassen habt, dessen, was ihr gesagt habt.
ob es nicht viel-deutig ist, für jeden möglichen irrtum
tragt ihr die schuld. es kann auch zu eindeutig sein
und den widerspruch aus den dingen entfernen; ist es zu eindeutig?
lässt es auch nüchtern? ist es am morgen zu lesen?
ist es auch angeknüpft an vorhandenes? sind die sätze, die
vor euch gesagt, benutzt, wenigstens widerlegt? ist alles belegbar?
und was ihr da sagt, wem nützt es?
durch erfahrung? durch welche?/aber vor allem
immer wieder vor allem andern: wie handelt man
wenn man euch glaubt? wie handelt man?

nachdenklich betrachteten wir den zweifelnden
blauen mann auf der leinwand, sahen uns an und
begannen von vorne

seid ihr wirklich im fluss des geschehens?/ einverstanden mit
allem was wird? werdet i h r noch? wer seid ihr?
zu wem
sprecht ihr? wem nützt es, was ihr da sagt?
und, nebenbei:

Typoskript mit handschriftlichen Korrekturen zu
Bertolt Brechts Gedicht *Der Zweifler*

Edierter Text:

der zweifler

immer wenn uns
die antwort auf eine frage gefunden schien
löste einer von uns an der wand die schnur der alten
aufgerollten chinesischen leinwand, sodass sie herabfiel und
sichtbar wurde der mann auf der bank, der
so sehr zweifelte.

ich, sagte er uns,
bin der zweifler, ich zweifle, ob
die arbeit gelungen ist, die eure tage verschlungen hat.
ob, was ihr gesagt, auch schlechter gesagt, noch für einige wert hätte.
ob ihr es aber gut gesagt und euch nicht etwa
auf die wahrheit verlassen habt, dessen, was ihr gesagt habt.
ob es nicht viel-deutig ist, für jeden möglichen irrtum
tragt ihr die schuld. es kann auch zu eindeutig sein
und den widerspruch aus den dingen entfernen; ist es zu eindeutig?
dann ist es unbrauchbar was ihr sagt. euer ding ist dann leblos.
seid ihr wirklich im fluss des geschehens? einverstanden mit
allem was wird? werdet ihr noch? wer seid ihr? zu wem
sprecht ihr? wem nützt es, was ihr da sagt? und, nebenbei:
lässt es auch nüchtern? ist es am morgen zu lesen?
ist es auch angeknüpft an vorhandenes? sind die sätze, die
vor euch gesagt sind, benutzt, wenigstens widerlegt? ist alles belegbar?
durch erfahrung? durch welche? aber vor allem
immer wieder vor allem andern: wie handelt man
wenn man euch glaubt was ihr sagt, vor allem: wie handelt man?

nachdenklich betrachteten wir mit neugier den zweifelnden
blauen mann auf der leinwand, sahen uns an und
begannen von vorne

Apparat:

Titel	T1-H3	der zweifler
1	T1-T2	immer wenn ---
	H3	» » uns
2	T1-H3	die antwort auf eine frage gefunden schien
3	T1	löste einer von uns an der wand ------------ die alte
	T1.1	» » » » » » » den knoten
	T1.1	» » » » » » » die schnur
	H3	» » » » » » » » » der » n
4	T1	aufgerollte-- chinesische-- leinwand, sodass sie herhabfiel und
	T1.1	» n » n » »» » » »
5	T1-H3	sichtbar wurde der mann auf der bank, der
6	T1-H3	so sehr zweifelte.
7	T1-T2	ich, schien er zu sagen, bin
	H3	» »sagte er zu uns »---
8	T1-T2	----der zweifler. ich zweifle, ob
	H3	bin » » »» » »»
9	T1-H3	die arbeit gelungen ist, die eure tage verschlungen hat.
10	T1-H3	ob, was ihr gesagt, auch schlechter gesagt, noch für einige wert hätte.
11	T1-H3	ob ihr es aber gut gesagt und euch nicht etwa
12	T1-T2	auf die wahrheit verlassen habt, dessen – was ihr gesagt habt.
	T1.1	» » » » » »» ,» » » » »
13	T1	ob es nicht viel-deutig ist, denn für jeden erzeugten irrtum
	H3	» » » » » »----- » » möglichen »

14	T1-H3	tragt ihr die schuld. es kann auch zu eindeutig sein
15	T1-H3	und den widerspruch aus den dingen entfernen; ist es zu eindeutig?
16	H3	dann ist es leblos was ihr sagt. euer ding ist dann leblos.
	H3	„ „ „ unbrauchbar „ „ „ „„ „ „ „ „ „
17	T2-H3	seid ihr wirklich im fluss des geschehens? einverstanden mit
18	T2-H3	allem was wird? werdet ihr noch? wer seid ihr? zu wem
19	T2-H3	sprecht ihr? wem nützt es, was ihr da sagt? und, nebenbei:
		v. 17-19 mit Einfügungszeichen nachträglich hinzugefügt
20	T1-H3	lässt es auch nüchtern? ist es am morgen zu lesen?
21	T1-H3	ist es auch angeknüpft an vorhandenes? sind die sätze, die
22	T1	die vor euch gesagt, gut benutzt, wenigstens widerlegt? ist alles belegbar?
	T1.1	----„ „ „ „„ „ „„ „ „ „ „ „ „
	H3	„ „ „ - sind, „ „„ „ „ „ „ „ „
23	T1	wer ist grösser auch durch erfahrung? durch welche? ------------------------------------ aber vor allem:
	T1.1	-------------------- „ „ „ „ „ „ ------------------------------------ „ „ „ „
	T1.1	„ „ „ „ „ „ und was ihr da sagt, wem nützt es? „ „ „ „
	H3	„ „ „ „ „ „ ------------------------------------ „ „ „ --
24	T1-H3	immer wieder vor allem andern: wie handelt man
25	T1-T1.1	wenn man das macht was ihr sagt oder wenn man euch glaubt? ------------------------ wie handelt man?
	H3	-------------------------------------- „ „ „ „ -- was ihr sagt, vor allem:
26	T1-T1.1	nachdenklich betrachteten wir ------------ den zweifelnden
	H3	„ „ „ mit neugier wir rollten zusammen
27	T1-H3	blauen mann auf der leinwand, sahen uns an und
28	T1	begannen von neuem
	T1.1-H3	„ „ vorne

So unterschiedlich die Apparatmodelle als Ergebnis der Deutung von autorspezifischen Arbeitsweisen auch sein mögen, die Mehrzahl der großen historisch-kritischen Ausgaben begegnen einander trotz divergierender Darstellungsweisen in dem Konsens, daß Text und Apparat eine Einheit bilden und daß an einem Endprodukt, dem Edierten Text, weitgehend festgehalten wird (zu den unterschiedlichen »editorischen Grundhaltungen« vgl. Hurlebusch, B 7: 1996, 460). Daher wird man in diesen Editionen oftmals vergeblich eine Antwort auf die Frage suchen, wie das erarbeitete Variantenmaterial ästhetisch zu bewerten sei (vgl. Gellhaus [u. a.], B 6: 1994; Jansohn/Plachta, B 6: 2005). Das Selbstverständnis der meisten Editionen erschöpft sich in der Erschließung dieses Materials. Doch die immer häufiger gestellte Frage nach dem Sinn von Variantenapparaten tangiert auch deren methodische Anlage. Gunter Martens hat als durchgängige Tendenz vieler historisch-kritischer Ausgaben beobachtet, daß die Variantenverzeichnung häufig »zu sehr auf die einzelne Werkstelle fixiert« ist, wodurch dem »eigenständigen Bedeutungssystem« einer vorhergehenden Fassung häufig nicht angemessen Rechnung getragen werden kann (B 7: 1982, 46). Martens fordert daher ein methodisches Konzept, »daß die in einer textgenetischen Gesamtausgabe konstituierten eigenständigen Bedeutungssysteme als Ganzes aufeinander bezogen werden können, daß sich nunmehr in der Interferenz der unterschiedlichen Textzustände, in ihrer Spannung wie auch in ihren Übereinstimmungen neue semantische Dimensionen entdecken lassen, die zur Erfassung einer ästhetischen ›Absichtlichkeit‹ Wesentliches beizutragen vermögen« (ebd., 47).

Die erste Edition, die die optische Trennung von Text und Apparat aufgehoben hatte, war die Frankfurter Hölderlin-Ausgabe. Auf das Faksimile der Handschrift folgt eine zeichen- und zeilengetreue diplomatische Umschrift, dann eine lineare Textdarstellung und schließlich ein vom

Editor konstituierter Text. Varianten sind stets integraler Bestandteil des Textes und werden in jeder Editionsphase optisch durch unterschiedliche Drucktypen zur Textgenese in Beziehung gesetzt. Der Benutzer dieser Ausgabe kann damit schrittweise die Arbeit des Editors verfolgen und den Prozeß editorischer Abstraktion von der Entzifferung der Handschrift zur Erstellung eines Edierten Textes nachvollziehen. Auch viele Jahre nach dem Erscheinen des ersten Bandes der Frankfurter Hölderlin-Ausgabe wird deren methodisches Vorgehen diskutiert, weil immer wieder in Frage gestellt wird, ob der Prozeßcharakter, den diese Edition betont, sowohl der Textüberlieferung als auch der Intention des Autors entspricht.

Den konsequentesten Schritt, andere Vorstellungen einer textgenetischen Edition von der Theorie in die Praxis umzusetzen, haben Günter Dammann, Gunter Martens und Karl Ludwig Schneider mit der historisch-kritischen Ausgabe der Gedichte von Georg Heym aus den Jahren 1910–1912 in »genetischer Darstellung« getan. Unabhängig von der spezifischen Arbeitsweise Heyms haben die Herausgeber in ihrer Edition auch ein Modell textgenetischen Edierens sehen wollen. Zunächst vermeiden sie, »einen Textzustand als Endgestalt zu setzen und auf ihn die Variantendarstellung zu beziehen.« Vielmehr soll der »Prozeß der Textbildung« aus dem überlieferten Material rekonstruiert werden. Dieses Verfahren entspreche der Arbeitsweise und den poetologischen Vorstellungen Heyms, »weniger auf das endgültige Produkt als auf das stete Bearbeiten und Umbilden der Texte bedacht« zu sein (Dammann/Martens, B 7: 1991, 179): »der Leser lernt hier das Gedicht nicht schon als (scheinbar) fertiges Gebilde kennen, sondern hat den Prozeß der Textbildung, aus der die ›fertige‹ Textgestalt hervorgegangen ist, nun unmittelbar vor sich. Er kann somit den Gang der Gedichtentwicklung Schritt für Schritt verfolgen, kann den Sinn dieser Texte selbst nachschaffend auslegen« (ebd., 180).

Wohin die Diskussion über Anlage und Funktion von Variantenapparaten führen wird, läßt sich nicht abschätzen (vgl. Martens/Zeller, B 6: 1997; Nutt-Kofoth, B 7: 2005). Die Bereitschaft der Editoren, einheitliche Kriterien für die Variantendarstellung zu entwickeln, die sich an klassifizierbaren Phänomenen von Arbeitsgewohnheiten oder der Textüberlieferung orientieren, ist erkennbar gestiegen. Dennoch wird es auf dem Gebiet der Edition weiterhin ein Nebeneinander verschiedener Apparatmodelle geben. Dieser Pluralismus sollte allerdings nicht als Mangel gesehen, sondern als Indiz für eine lebendige methodische und praktische Auseinandersetzung verstanden werden, in deren Mittelpunkt die faszinierende Bemühung um die Textüberlieferung und damit auch die Textanalyse selbst steht.

8
Produktion und Kontext: Entstehungs- und Wirkungsgeschichte

Nur in den seltensten Fällen sind einem veröffentlichten literarischen Text Hinweise zu seiner Entstehung und zu seiner zeitgenössischen Wirkung zu entnehmen. Hin und wieder machen Autoren Angaben zum Ort und zum Zeitpunkt der Textentstehung, doch in den wenigsten Fällen äußern sie sich zum Zeitraum der Textproduktion, zu biographischen und zeitgeschichtlichen Faktoren, die etwa auf den Entstehungsprozeß Einfluß genommen haben oder zu den Gründen für Überarbeitungen und zur Auswahl eines Publikationsortes oder -mediums. Heines Protest gegen das Verbot des Jungen Deutschland in der »Vorrede« zur Buchausgabe der *Französischen Zustände* (1832), Ferdinand Freiligraths Auslassungen über die Eingriffe der Zensur in seine Texte im Vorwort zur Gedichtsammlung *Ein Glaubensbekenntniß* (1844) oder die Nachbemerkung Alfred Anderschs zur Umarbeitung seines Romans *Die Rote* (1960) sollen hier als exemplarische Kontexte genannt werden. (Allerdings gehören solche Erläuterungen zum Text eines Werkes und sind auch als solche in der Editon zu behandeln.) Thomas Mann gehört zu denjenigen Autoren, die in eigenständigen Publikationen über die Entstehung ihrer Werke Auskunft gegeben haben. Dennoch legt er in seinen Äußerungen über die *Entstehung des Doktor Faustus* (1949), im Untertitel nicht ohne Absicht als »Roman eines Romans« ausgewiesen, keineswegs Rechenschaft über die Romanentstehung im philologischen Sinn ab. Dagegen richtet der Editor sein Augenmerk in besonderer Weise auf das Verhältnis von Textproduktion und den sie jeweils umgebenden Kontext, allerdings nicht, um nur über Selbstäußerungen des Autors Hinweise auf das Textverständnis zu gewinnen, sondern um das zu einem Text erhaltene Material in den Entstehungsprozeß bis zur Wirkung des zu Lebzeiten des Autors veröffentlichten Textes einordnen zu können oder aber diesen überhaupt zu rekonstruieren.

Dennoch ist darüber nachzudenken, welchen Sinn das Nachzeichnen einer Entstehungsgeschichte hat: Geht es um Einsichten in die Arbeitsweise eines Autors, um das Aufspüren von biographischen Ursachen der Textabfassung, um die Deutung seiner Intentionen oder um das Zusammentragen von Fakten und Materialien als Dokumentation der Textentstehung (vgl. Boie, B 7: 2004)? Hans Magnus Enzensberger hat in seinem Essay *Die Entstehung eines Gedichts* betont: »Ein poetischer Text ist nicht mehr als das, was er enthält. Deshalb kann er immer nur aus sich selber verständlich sein oder gar nicht« (B 7: 1965, 38). Für Enzensberger ist das Nachdenken über die Textentstehung weniger ein historisches Anliegen als vielmehr ein poetologisches (ebd.):

> Über die Entstehung eines Gedichtes – und ein Gedicht schreiben, das sind allerdings zwei sehr verschiedene Dinge; so verschieden, daß man sich sogar fragen könnte, ob eines davon nicht das andere ausschlösse. Wie ein Ding zustande gekommen, und was es ist: das ist zweierlei: ein Zweierlei, das nirgends schärfer auseinandertritt als dort, wo von einem Gedicht die Rede ist. Keineswegs ist eine Erscheinung zu erklären, indem man ihre Genesis feststellt. Das wäre ein historistischer Irrtum. Ich könnte mir einen Zuhörer denken, der die Sache zu Ende dächte und sich sagte: »Wie ein Gedicht entsteht, das geht mich, den Leser, überhaupt nichts an; und zwar um so weniger, je besser das Gedicht ist. Gut ist der Text, den ich lese, eben dadurch, daß er seine Entstehung hinter sich gelassen, seine Eierschalen abgestreift hat. Ein Gedicht, das diesen Na-

> men verdient, hat mit seiner Entstehung nichts zu tun. Wer mir von ihr berichtet, bringt mich dem Gedicht nicht näher, – er lenkt mich ab und zeigt mir eben das vor, was der Autor verworfen hat: Skizzen, Vorstufen, Entwürfe, kurzum Abfall, der rechtens in den Papierkorb gehört.«

Mit Bezug auf entsprechende Überlegungen E. A. Poes, Paul Valérys, Gottfried Benns, Thomas Manns oder Uwe Johnsons definiert Enzensberger die Betrachtung einer Textentstehung als »zentrale Frage der modernen Ästhetik« (ebd., 41), versteht sie als eine genuine Aufgabe des Autors und grenzt sie von der Arbeit des Philologen deutlich ab (ebd., 42):

> Der Philologe, der ihn [den Entstehungsprozeß] objektiv, von außen, zu rekonstruieren versucht, verfügt über ein eindeutiges Material. Aber dieses Material ist arm: er kann an den Vorgang, den er beschreibt, keine Erinnerung haben. Diese Erinnerung hat nur der Autor. Hat er sie wirklich? Oder trügt die Erinnerung? Möglich wäre es, daß er den Entstehungsvorgang erst a posteriori erschaffte und womöglich, ohne es zu wissen, zu dem vorliegenden Gedicht dessen Genese erst e r f ä n d e.

Trotz dieser Unwägbarkeiten bei der Betrachtung von Entstehungsgeschichten, die allein schon aus der Unzuverlässigkeit der heranzuziehenden Dokumente resultieren oder die durch eine Legendenbildung von Seiten des Autors in ihrer Objektivität beeinflußt sein können, muß es in einer kritischen Edition einen Ort geben, wo der Leser über die Fakten und Zusammenhänge der Textentstehung und über die zeitgenössische Wirkung informiert wird. In welcher Weise solche Entstehungs- und Wirkungsgeschichten präsentiert werden – als bloße Zusammenstellung von Zeugnissen oder als diskursive Darstellung, in die die Dokumente zitierend integriert werden –, hängt von verschiedenen Umständen ab: von der quantitativen Überlieferung des Textmaterials, von den Intentionen der bekannten Äußerungen des Autors und der seiner Zeitgenossen, von der Gattung (z. B. historischer Roman oder Gelegenheitsgedicht) und der Quellenabhängigkeit des Textes (vgl. Dedner, B 7: 1997) sowie überhaupt von der Dichte der zu eruierenden Informationen. Sie ist auch davon geprägt, welches Selbstverständnis der Editor von seiner Arbeit hat. Versteht er sich z. B. als »Führer durch die Einzelheiten des Entstehungsprozesses eines Werkes«, und will er dem Leser »diesen Prozeß im Zusammenhang mit der Person des Autors, mit der Entwicklung seiner Ansichten und Meinungen und eingebettet in die Zeitgeschichte« beschreiben (Scheibe [u. a.], B 5: 1988, 183)? Oder soll sich seine Darstellung auf eine »Sammlung und Kommentierung von Entstehungsdaten« konzentrieren, durch die »Arbeitsschritte«, die »Chronologie« des »Arbeitsprozesses«, »(literar-)historische und biographische Bedingungen durch Kommentierung, das heißt durch Kontextuierung der Entstehungsdaten, transparent werden« (Gregolin in Kraft, B 5: 1990, 168 f.)? Grenzen der Darstellung sind allerdings immer dann erreicht, wenn die Materialfülle eine eigenständige literaturwissenschaftliche Untersuchung notwendig macht, die eine Edition kaum leisten kann. Die Beschränkung auf das im editorischen Kontext Notwendige sollte als Richtlinie gelten. Auch ein vollständiger Abdruck sämtlicher recherchierten Materialien kann nicht Aufgabe einer Edition sein. Verschiedene Editionen haben sich deshalb entschlossen, separate Dokumentationen zur Entstehung und Rezeption vorzulegen, auf die dann in der Ausgabe sinnvollerweise verwiesen werden kann.

Während die Art und Weise und die Intention einer Darstellung von Entstehungs- und Wirkungsgeschichten ähnlich wie bei der Textkommentierung ist, besteht über die zu behandelnden Gegenstände und den zeitlichen Rahmen weitgehend Einigkeit: »die Darstellung der gesamten Geschichte der Entstehung und Entwicklung eines Werkes, von der ersten Gedankenarbeit bis hin zur letzten Ausgabe, die der Autor noch selbst überwacht oder zumindest angeregt hat« (Scheibe [u. a.], B 5: 1988, 166). Sicherlich wird dem Anlaß, einen Text oder ein Werk in Angriff zu nehmen, das erste Augenmerk des Editors gelten. Die Verifizierung von Quellen, die der Autor für seine Arbeit herangezogen hat, und die Durchsicht von Lektürenotizen, Exzerpten oder Materialsammlungen im Hinblick auf die Textentstehung gehören ebenso zu den grundlegenden Arbeitsschritten wie die Auswertung von Briefen, Tagebüchern, autobiographischen Aufzeichnungen oder sonstigen Dokumenten des Autors und seines Umkreises. Die auf diese Weise gewonnenen Informationen müssen in Beziehung gesetzt werden zu den handschriftlichen oder gedruckten Textträgern. Diese sind zwar schon im Verlauf der editorischen Arbeit unter überlieferungsgeschichtlichem Aspekt behandelt worden, doch im Rahmen der Darstellung des Entstehungsprozesses müssen sie in das recherchierte Faktenmaterial eingebettet werden, nicht zuletzt auch deshalb, um Argumente für eine Datierung von Entwürfen, verschiedenen Fassungen oder Druckvorlagen zu gewinnen oder um bereits vorgenommene Datierungen zu verifizieren. Eine strikte Trennung von Überlieferungs-, Entstehungs- und Textgeschichte läßt sich kaum erreichen, denn die spezifischen Informationen dieser jeweils anders gewichteten Untersuchungsperspektiven greifen häufig ineinander. Jost Schillemeit hat darauf hingewiesen, daß der Editor stets versuchen muß, den überlieferten Text »auf doppelte Weise ›im richtigen Kontext‹ zu sehen: er muß ihn einerseits, sozusagen auf horizontaler Ebene, als Teil des Werk- oder Konzeptionszusammenhangs sehen, in den er hineingehört, und er muß ihn andererseits, sozusagen in vertikaler Richtung, an der richtigen Stelle innerhalb des ganzen Entstehungsprozesses, wie er sich aus der Gesamtheit aller überlieferten Texte und Zeugnisse mehr oder weniger deutlich rekonstruieren läßt, zu sehen versuchen, d. h. an der Stelle, an der er wirklich entstanden ist« (B 7: 1987a, 207). Dabei sollte jedoch eine generelle methodische Trennung dieser Untersuchungsbereiche mit ihrer jeweiligen Schwerpunktbildung berücksichtigt werden, um ihrer diskursiven Darstellung in der Edition entsprechend Rechnung zu tragen.

Gerhard Seidel (B 5: 1977, 43–78) hat für die Darstellung der Entstehung von Brecht-Werken folgende Untersuchungsschwerpunkte gebildet, die auch zu einer Orientierung für Editionen anderer Autoren dienen können: (1) Anlaß und Intention der schriftstellerischen Arbeit, (2) das Verhältnis des Autors zu seinen Quellen, (3) das Verhältnis des Autors zu seinen Mitarbeitern, (4) Phasen der schriftstellerischen Arbeit, (5) der Arbeitsprozeß und sein Charakter und (6) das Arbeitsergebnis und sein Charakter.

Nicht nur der Entstehungsprozeß selbst und seine verschiedenen Kontexte beeinflussen die Textproduktion, sondern auch die Wirkung, die ein Text nach seiner ersten Publikation in der Öffentlichkeit oder im privaten Umfeld des Autors erzielt. Immer wieder lassen sich Textumarbeitungen feststellen, die aufgrund von öffentlicher Kritik entstanden. Theaterstücke erfahren Modifikationen, nachdem der Autor ihre Wirkung bei der ersten Aufführung nachvollziehen konnte. Vorabdrucke in Zeitschriften gelten nicht selten als Versuch, die Reaktion des Publikums zu testen, bevor ein Text in einer selbständigen Buchausgabe erscheint. Die Mechanismen zwischen öffentlicher Wirkung und Produktion sind vielfältig und nur im Einzelfall angemessen darstellbar. Zum editorischen Selbstverständnis, einen Text innerhalb seiner historischen Koordinaten zu dokumentieren, gehört daher, die Wirkungsgeschichte zumindest in ihren relevanten Faktoren darzustellen und eventuelle Rückwirkungen zu diskutieren, sei es als Materialsammlung, sei es als diskursive Abhandlung. Der Editor wird sich allerdings auf die Wirkungsgeschichte zu Lebzeiten des Autors beschränken und wie auch im Falle der Entstehungsgeschichte Schwerpunkte bilden und spezifische Untersuchungsperspektiven formulieren.

9
Texterschließung durch Erläuterungen und Kommentar

Bereits 1877 hat Wilhelm Scherer betont, daß »Herausgeben und Erklären« als elementare philologische Arbeitsfelder zu betrachten sind (B 7: 1877, 166). Neben der editorischen Präsentation eines Textes gehören daher Kommentare und Erläuterungen als Grundlagen für die Texterschließung durch den Leser zu den zentralen Aufgaben des Editors; Hans-Gert Roloff hat sie sogar mit der »Grundlagenforschung« in den Naturwissenschaften verglichen (B 7: 1972, 24).

Die Geschichte des Kommentierens und Erläuterns reicht bis in die griechisch-römische Antike zurück, wobei es – anders etwa als heute – unerheblich war, ob der Kommentar mit einer Edition verbunden war oder ob er selbständig als Untersuchung, Traktat, Essay und Quaestio erschien (Roloff, B 7: 1993, 4; vgl. auch Senger, B 7: 1993, 64–68). Trotz einer Blüte des Kommentars im Mittelalter und in der Frühen Neuzeit und einer großen europäischen Tradition wissenschaftlichen Kommentierens wurde die Kommentierung von Texten als unmittelbarer Bestandteil der großen Editionen seit der Mitte des 19. Jahrhunderts zugunsten von Textkonstitution und Textkritik hintangestellt. Allerdings wurde die Tradition der separat publizierten Kommentare fortgeführt, bewußt aber deren Integration in eine Edition vermieden (vgl. Höpker-Herberg/Zeller, B 7: 1993, 52). Solche Kommentare haben sich noch heute in verschiedenen Kommentarreihen erhalten, z. B. Reclams *Erläuterungen und Dokumente,* in *Hansers Literatur-Kommentare* oder *Modellanalysen: Literatur* des Schöningh-Verlags. Auch im 20. Jahrhundert sah man zunächst nicht die Notwendigkeit für Texterläuterungen als integralen Bestandteil einer Edition. Georg Witkowski diskreditierte in seiner Einführung in die Textkritik einen Kommentar sogar als »Unwissenschaft« (B 5: 1924, 68), und Hans Werner Seiffert diskutierte an keiner Stelle seiner grundlegenden Untersuchung zur Edition (B 5: 1969) Fragen der Texterläuterung, obwohl inzwischen z. B. Bände der Schiller-Nationalausgabe und der Hamburger Goethe-Ausgabe mit entsprechenden Kommentaranteilen erschienen waren (vgl. Roloff, B 7: 1993, 15). Auch Klaus Kanzog klammert die Kommentarproblematik in seiner Einführung weitgehend aus (B 5: 1991, 188 f.).

Obwohl die Notwendigkeit eines texterschließenden Kommentars unter den Editoren heute unbestritten ist, wird doch nach wie vor kontrovers diskutiert, wie ein solcher Kommentar als Bestandteil einer Edition zu definieren ist, was er an Informationen enthalten soll, welchen Umfang er haben darf und ob er überhaupt integraler Bestandteil einer historisch-kritischen Edition sein muß. Versucht man sich heute einen Überblick über die Prinzipien oder Verfahrensweisen der Kommentierung von Texten in den verschiedenen Editionen und Editionstypen (historisch-kritische Ausgabe, Studienausgabe, Leseausgabe) zu verschaffen, wird man mit einer Vielzahl unterschiedlicher, manchmal sogar disparater Herangehensweisen konfrontiert, die sich beim ersten Blick allein schon im Umfang unterscheiden, ihre Differenz aber schließlich darin offenbaren, wie sie den »Brückenschlag zwischen Text und Leser« (Martens, B 6: 1993, IX) überhaupt verstehen wollen. Dennoch lassen sich Schwerpunkte in den Formen und Verfahren erkennen.

Die kritische Ausgabe der Werke Hugo von Hofmannsthals definiert etwa (1,459; 2,503):

> Der Kommentar besteht in Wort- und Sacherklärungen, Erläuterungen zu Personen, Zitat- und Quellennachweisen, Erklärungen von Anspielungen und Hinweisen auf

wichtige Parallelstellen. Auf interpretierende Erläuterungen wird grundsätzlich verzichtet.

Diese eher restriktive Definition orientiert sich noch an einem Prinzip des Erläuterns, das Friedrich Beißner für die Stuttgarter Hölderlin-Ausgabe aufgestellt hatte, indem er die »Erläuterungen« keineswegs als »Kommentar, als Gesamtinterpretation« auffaßte, sondern »einzelne Worterklärungen«, »Zitatnachweise« und »Anführungen von Parallelstellen« höchstens als einen »Fingerzeig zum Aufbau« des Textes verstehen wollte (SHA 1.2,321). In seinem von der Textdokumentation bestimmten Editionsverständnis stellte sich für Beißner jeder weitere Schritt hin zu einem Kommentar, der über die Erläuterung einer einzelnen Textstelle hinausging, als eine »Zutat« dar, »die schnell veraltet«. Beißners Absage an eine intensiv kommentierte Edition wurde in den siebziger Jahren nicht nur durch das Erscheinen einer Vielzahl von ausführlich kommentierten Studienausgaben revidiert, sondern auch die historisch-kritischen Editionen gaben ihre Kommentarabstinenz auf, um nun durch einen Kommentar die spezialisierten Verfahren von Textkonstitution und -kritik oder die Variantendokumentation und die damit zusammenhängende eingeschränkte Benutzbarkeit von historisch-kritischen Editionen aufzufangen. Wolfgang Frühwald forderte einen Kommentar »innerhalb des Apparatteiles«, der »äußerlich und innerlich, das heißt in Druckanordnung und wissenschaftlichem Gehalt, in die Darstellung der Textgenese hinein, anschließend aber aus den Fragen der Genese in weitere historische und literaturwissenschaftliche Zusammenhänge des Textes führt« (B 7: 1975, 15, 16f.). Damit war ein wesentlich weiter gefaßtes Verständnis von den Zielen und Inhalten eines Kommentars umschrieben, das in dem durch die Verfahrensweise der Düsseldorfer Heine-Ausgabe geprägten Begriff ›Vollkommentar‹ (vgl. DHA 1.2,1270–74) am prägnantesten zusammengefaßt ist. Ein solcher Kommentar soll Voraussetzungen für das Verständnis eines literarischen Textes oder Werks als historisches Phänomen schaffen, gleichzeitig soll die »zeitliche, kulturelle und geistige Distanz« (Woesler, B 7: 1993, 20) zwischen Werk und Leser überbrückt werden, der Text durch den Kommentar ›rehistorisiert‹ werden. Herbert Kraft hat folgende »Themenbereiche« für einen wissenschaftlichen Kommentar aufgelistet: »1. historische und literarische Folien, Parallelen; 2. Quellen; 3. Überlieferung, Fassungen; 4. Topoi, Anspielungen, Verweise, Zitate; 5. metrische und sprachliche Formen und Bedeutungen; 6. Sacherläuterungen« (B 5: 1990, 181; vgl. auch Roloff, B 7: 1992b, 136–138). Die hier genannten Kommentargegenstände können als Konsens unter den Editoren gelten. Widerspruch ist zumeist dann angemeldet worden, wenn einem solchen »vielseitigen literaturwissenschaftlichen« Kommentar zusätzlich eine »exegetische Aufgabe« zugewiesen wurde und der Kommentator über »das enzyklopädische Detailwissen hinaus in semantische und poetische Tiefendimensionen einführen muß«, um dem Verständnis eines Werkes »in allen seinen erläuterungsbedürftigen Aspekten« beizukommen (Windfuhr, B 7: 1991, 173). Die Differenz zwischen einem Kommentar, der auf eine »metatextologische Interpretation des Materials« zugunsten einer stärker objektiven »Erschließung dieses Materials« (Scheibe, B 7: 1987, 162) verzichtet und damit auf einer uneinlösbaren, ja sogar unsinnigen Trennung zwischen Editor und Literarhistoriker besteht, und einem Kommentar, der zugunsten einer als »Deutung« ausgewiesenen Interpretation votiert (Stüben, B 7: 1993), weil ein Kommentar ohnehin nicht sauber von Interpretation zu trennen sei, hat die Diskussion immer wieder herausgefordert. Selbstverständlich handelt es sich bei den hier zitierten Forderungen um Extrempositionen, wobei allerdings Übereinstimmung unter den Editoren herrscht, daß die »unwillkürliche Subjektivität des Herausgebers« nicht aus der Arbeit des kommentierenden Editors zu »eliminieren« ist und Edition immer auch Interpretation ist (Windfuhr, B 7: 1957, 440). Vor diesem Hintergrund haben Elisabeth Höpker-Herberg und Hans Zeller für die Edition fiktionaler Texte die Ausgliederung jener Teile aus einer historisch-kritischen Ausgabe in Erwägung gezogen, die nicht zum unmittelbaren »Gegenstandsbereich der Textwiedergabe« (der Edierte Text, der Variantenapparat oder die Darstellung der Überlieferung, Entstehung und Arbeitsweise des Autors) gehören (B 7: 1993, 57–61). Demgegenüber haben sie ein Baukastensystem vorgeschlagen, das den »Gegenstandsbereich der Kommentierung« auch buchtechnisch von dem zuvor genannten Bereich trennt, um damit der Kommentierung flexiblere Möglichkeiten zu eröffnen, vor allem aber, um dem Veralten von Kommentaren und Erläuterungen in historisch-kritischen Ausgaben zu begegnen, ohne daß jeweils die gesamte Ausgabe revidiert werden muß.

Wo setzt aber die Erläuterungsbedürftigkeit eines Textes ein? Manfred Fuhrmann hat den methodischen Rahmen für die Erläuterungsbedürftigkeit literarischer Texte mit den Begriffen »primäre Dunkelheit« und »sekundäre Dunkelheit« umrissen (B 7: 1985, 43 f.). Dabei liegt »primäre Dunkelheit« dann vor, wenn der Autor schon seinem zeitgenössischen Publikum Verständnisschwierigkeiten bereitete, indem er »seine Botschaft mehr oder minder stark« verschlüsselte, während »sekundäre Dunkelheit« erst im Verlauf der Rezeption entsteht und mit zunehmendem historischen Abstand etwa durch Bedeutungsverschiebungen Verständnisprobleme hervorruft, die für den zeitgenössischen Leser noch nicht galten (Fuhrmann, B 7: 1988, 11). »Primäre Dunkelheit« findet sich z. B. in Tagebüchern an solchen Stellen, wo der Diarist astronomische Symbole für Personen (Goethes Tagebücher) einsetzt oder der Text durch uneigentlich verwendete Zeichen und Siglen zur Verschlüsselung von privaten und intimen Vorgängen (zu Lichtenbergs Tagebüchern vgl. Joost, B 7: 1987, 238 f.) absichtlich unverständlich wird. Für die Textsorte Tagebuch lassen sich »primäre Dunkelheiten« relativ leicht aufspüren, wenn auch deren Entschlüsselung nicht immer ohne weiteres gelingt. Für literarische Texte ist die Frage nach der »primären Dunkelheit« nicht so einfach zu beantworten, vielmehr ist davon auszugehen, daß sie konstitutives Element von Dichtung überhaupt ist. Gunter Martens hat daher die berechtigte Frage aufgeworfen, wie der Kommentar mit der Poetizität eines Textes umgeht, »aus der die Dunkelheit resultiert« (B 7: 1993, 41).

Die von der Droste in der *Judenbuche* für den Ort des Geschehens bewußt gesetzte Chiffre »Dorf B.« ist eben nicht als das »Dorf Bellersen« aufzulösen, obwohl durch Quellen, Selbstäußerungen und entsprechende Hinweise in den Entwürfen der geographische Hintergrund im östlichen Westfalen exakt bestimmbar wäre. Ein Kommentar, der mit Formulierungen »das ist« oder »gemeint ist« arbeitet, würde den Befund einer »dunklen oder auch mehrdeutigen Textstelle« dadurch konterkarieren und dem Leser nicht ermöglichen, »selbst seine Entscheidungen« zu treffen, wie der Text in seiner spezifischen ästhetischen Gestalt und seinen »Mehrdeutigkeiten« zu verstehen sein könnte (Martens, B 7: 1993, 43). Dennoch sollte der Kommentator das Material zur Verfügung stellen, mit dem der Leser dann weiterarbeiten kann.

Ein anderes erläuterungsbedürftiges Beispiel für »primäre Dunkelheit« ist eine Passage in Kafkas Amerikaroman *Der Verschollene.* Zu Beginn des Romans heißt es (Kritische Ausgabe, *Der Verschollene,* Textband, 7):

> Als der siebzehnjährige Karl Roßmann [...] in dem schon langsam gewordenen Schiff in den Hafen von Newyork einfuhr, erblickte er die schon längst beobachtete Statue der Freiheitsgöttin wie in einem plötzlich stärker gewordenen Sonnenlicht. Ihr Arm mit dem Schwert ragte wie neuerdings empor und um ihre Gestalt wehten die freien Lüfte.

Bei dieser Schilderung der Einfahrt in den New Yorker Hafen fällt die sonderbare Beschreibung der Freiheitsstatue auf, die bekanntlich in ihrer rechten Hand eine Fackel und kein Schwert hält. Kafkas Amerikaroman liegt an zahlreichen Stellen Arthur Holitschers Reisebuch *Amerika. Heute und morgen. Reiseerlebnisse* (Berlin 1912) als Quelle zugrunde. Der große Einfluß dieses Buchs auf den Romantext zeigt sich insbesondere darin, daß Kafka Teile von Holitschers Bericht nachträumte und darüber am 11. September 1912 im Tagebuch notierte (Kritische Ausgabe, *Tagebücher*, Textband, 436):

> Ein Traum: Ich befand mich auf einer aus Quadern weit ins Meer hineingebauten Landzunge. […] Ich wußte zuerst nicht eigentlich wo ich war, erst als ich mich einmal zufällig erhob, sah ich links vor mir und rechts hinter mir, das weite klar umschriebene Meer mit vielen reihenweise aufgestellten, fest verankerten Kriegschiffen. Rechts sah man Newyork, wir waren im Hafen von Newyork. Der Himmel war grau aber gleichmäßig hell. Ich drehte mich frei, der Luft von allen Seiten ausgesetzt auf meinem Platze hin und her, um alles sehn zu können.

Die Parallelen zwischen der hier phantasierten Szene und dem Bericht Holitschers sind frappierend. Während Kafka in der Traumaufzeichnung die Freiheitsstatue ausspart und sie im Roman dann mit einem Schwert ausstattet, hatte Holitscher sie als eine »menschliche Gestalt von ungeheuren Proportionen, Sonne in den grünen Falten ihres Gewandes« (*Amerika*, 39) geschildert. Es ist offenkundig, daß Kafka sich trotz aller erkennbaren Nähe zu Holitschers Bericht einem realistischen Amerikabild verweigerte und von daher vielleicht bewußt die Attribute der Freiheitsstatue veränderte. Ein Hinweis auf dieses Verfahren, das zu der »primären Dunkelheit« geführt hat, findet sich im Text selbst. Der Schilderung der Freiheitsstatue hatte Kafka die später ersatzlos gestrichene Bemerkung angefügt: »Er [Karl Roßmann] sah zu ihr auf und verwarf das über sie Gelernte« (Kritische Ausgabe, *Der Verschollene,* Apparatband, 123, Variante zu 7,11). Der Kommentator muß auf die Veränderungen, die sich von der Quelle über die Traumaufzeichnung zum Romantext vollzogen haben, aufmerksam machen. Allerdings hat der Leser die Konsequenzen für das Verständnis dieser Textstelle selbst zu ziehen.

Die Aufhellung »sekundärer Dunkelheit« gehört traditionell zur Aufgabe des Kommentators, versucht das »Verstehensumfeld zur Zeit oder am Ort der Entstehung eines Textes präsent [zu] machen, soll den Kultur- und Bildungshorizont des Autors bzw. des zeitgenössischen Lesers rekonstruieren« (Martens, B 7: 1993, 40), wobei in Rechnung gestellt werden muß, daß der Kommentar immer nur »offenkundige punktuelle Verstehenswiderstände des Textes« (Ricklefs, B 7: 1975, 59f.) wird beseitigen können.

10
Edition, EDV und neue Medien

Der Computer ist aus der Arbeit des Editors nicht mehr wegzudenken. Die elektronische Datenverarbeitung ist als Arbeitsinstrument unentbehrlich geworden, und die neuen Medien eröffnen ungeahnte Möglichkeiten, Editionsergebnisse in digitalisierter Form nicht nur zugänglich zu machen, sondern auch deren Weiterbe- oder -verarbeitung zu perfektionieren. Der traditionelle Zettelkasten ist in der Editionsarbeit inzwischen vollständig durch den Computer ersetzt worden, zeitraubendes Abschreiben von Drucken erübrigt sich durch Scanner-Technik, und mühsames Kollationieren ist maschinell zu bewerkstelligen. Alle editorischen Arbeitsschritte – von der ersten Texterfassung bis zur Satzherstellung für den späteren Buchdruck – sind inzwischen komfortabel am Computer zu erledigen. Dennoch ist es nicht einfach, sich auf dem großen Markt editorischer Anwendungsprogramme zu orientieren, auch die Veröffentlichungen, die sich mit Edition und EDV befassen, werden zunehmend unübersehbarer, zumal ihre Ergebnisse mit der Fortentwicklung der elektronischen Datenverarbeitung, die sich laufend an neue Bedürfnisse und den technischen Fortschritt anpaßt, jeweils rasch als überholt gelten müssen (regelmäßige Informationen sind z. B. im *Jahrbuch für Computerphilologie* zu finden). Um diesem Dilemma zu entgehen, sollen im folgenden die Möglichkeiten editorischer EDV-Anwendung nur skizziert werden, ohne daß dabei einzelne, häufig miteinander konkurrierende Software-Angebote vorgestellt werden können (Hinweise bei Müller, B 7: 1988; Ott, B 7: 1994). Für die editorische EDV-Anwendung wichtige Publikationen (z. B. Ott/Gabler/Sappler, B 5: 1982) basieren jeweils auf eigenen Anwendungsprogrammen und verknüpfen grundsätzliche computergestützte Arbeitsschritte mit einer Einführung in die jeweilige Software (vgl. auch aus anglo-amerikanischer Perspektive Shillingsburg, B 5: 1986).

Obwohl der Einsatz von EDV in der editorischen Arbeit grundsätzlich eine Arbeitserleichterung und eine weitaus größere Präzision in den zu erzielenden Ergebnissen mit sich bringt, muß aber auch immer wieder auf die Gefahr hingewiesen werden, daß die bewährten editorischen Prinzipien, Arbeitsschritte und Darstellungsformen aus dem Blick verloren werden. Das bedeutet, daß jede editorische EDV-Anwendung sich zuallererst an den Arbeitsweisen des Editors zu orientieren hat. Umgekehrt muß der Editor in der Lage sein, das editorische »Problem« selbst in »Teilprobleme« zu zerlegen, damit sie »den von der Datenverarbeitung gebotenen Grundoperationen entsprechen« (Ott in Kraft, B 5: 1990, 70). Hans Walter Gabler, dessen Edition von James Joyces *Ulysses* als eine der ersten computerunterstützten Editionen entstanden war, sieht kaum Auswirkungen der innovativen Möglichkeiten editorischer EDV-Anwendung für die »Theoretisierung von Textkritik und Edition« (B 7: 1995, 207). Auch die konzeptionelle und kontrollierende Funktion des Editors blieb von der zukünftigen Entwicklung unberührt. Um aber das Potential der EDV auszuschöpfen, ist eine konkretere Anpassung des Computers an editorische Erfordernisse notwendig, was auch umgekehrt eine präzisere Beschreibung textkritischer und editorischer Methodologie notwendig macht (Gabler, B 7: 1995, 207f.). Mit Blick auf diese Grundvoraussetzungen hat Wilhelm Ott folgende Hauptarbeitsgänge bei der editorischen EDV-Anwendung unterschieden: (1) Sammlung und vorläufige Zusammenstellung sämtlicher Textträger, (2) Kollation, (3) Auswertung des Kollationsergebnisses hinsichtlich der Textkonstitution und Variantenverzeichnung, (4) Konstitution eines Edierten Textes, (5) Erstellung von Variantenapparaten, (6) Erschließung des Materials durch Register, Konkordanzen oder Indices, (7)

Erarbeitung einer Publikationsvorlage, (8) Endgültige Publikation der Editionsergebnisse (B 7: 1989, 158).

Der Einsatz eines handelsüblichen Textverarbeitungsprogramms für die Erarbeitung einer Edition bringt zunächst zahlreiche Arbeitserleichterungen mit sich, z. B. bequeme Korrektur der Texte, vielfältige Möglichkeiten der Textauszeichnung, Kopier- und Ablagevarianten, Suchfunktionen und eine insgesamt leichte Handhabung von Formatierungen. Doch die wohl anschaulichsten Ergebnisse erzielt der Computer bei der automatischen Kollation und bei der Erstellung von Variantenapparaten. Eine Textüberlieferung, die sich z. B. überwiegend in Drucken vollzogen hat, läßt sich heute durch die Scanner-Technik mit guten Ergebnissen erfassen, nachdem die Texterkennungssoftware inzwischen mit einer wesentlich geringeren Fehlerquote arbeitet (vgl. Wegstein, B 7: 1994). Die so generierten Textfassungen lassen sich nun leicht nach einem vorweg definierten Sortierschlüssel miteinander vergleichen, wobei die ermittelten Varianten ausgeworfen und für einen späteren Apparat weiterverarbeitet werden können. Die Kollation kann z. B. auch zur stemmatologischen Beschreibung von Textträgern genutzt werden: Die statistische Bestimmung von Textübereinstimmung oder -varianz zwischen miteinander kollationierten Textträgern bzw. -zeugen kann deren Verwandtschaft klären helfen und eine genaue Klassifizierung der Varianten mit Blick auf die Textkonstitution ermöglichen (vgl. hierzu die Beiträge in Sappler/Straßner, B 6: 1980; Schwob/Kranich-Hofbauer/Suntinger, B 6: 1989; Gärtner/Sappler/Trauth, B 6: 1991).

Die Erstellung von Indices, Registern oder Konkordanzen läßt sich mit Textverarbeitungsprogrammen ebenfalls vereinfachen (vgl. Trauth, B 7: 1994). Wortindices sind nicht nur aus linguistischer Perspektive wünschenswert, sie unterstützen den Editor z. B. bei der Fehleremendation insofern, als sie es ihm erleichtern, das weitere Vorkommen einer in Frage stehenden Wortform in anderen Texten des

Autors schnell nachzuweisen oder auszuschließen. Die Indizierung und Markierung von Namen, Begriffen oder Zitaten schon während der Texterfassung unterstützen später die Kommentierungs- und Registerarbeit erheblich. Gleichzeitig wird damit auch eine Basis gelegt, in dem Gesamtmaterial in den verschiedensten Richtungen zu suchen oder variable Sortierungen vorzunehmen.

Auch die Entwicklung neuer Speichermedien hat die editorische Diskussion um Datenbanken oder um eine neue mediale Präsentation von Editionen intensiviert. Seit einigen Jahren liegen Klassiker-Editionen auf CD-ROM vor. Nicht nur Gesamtausgaben – z. B. die Weimarer und die Hamburger Goethe-Ausgabe oder die kritische Nietzsche-Ausgabe – sind digitalisiert worden, sondern auch einzelne Texte, die bevorzugt im Schulunterricht benutzt werden und die für die digitalisierte Form um Erläuterungen und Dokumente ergänzt wurden. Insgesamt wird aber diese neue Form der digitalisierten Edition noch nicht konsequent genutzt, und die auf CD-ROM vorliegenden Editionen bleiben bislang noch die Ausnahme.

Den konsequentesten Schritt von der Buch- zur Computer-Edition macht das Konzept von »hypertext« und »hypermedia« (hierzu Hoffmann/Jörgensen/Foelsche, B 7: 1993; Kamzelak, B 6: 1999; B 7: 2000). Dieses Konzept ermöglicht eine Edition, die das Material und die editorische Analyse nicht nur bereitstellt, sondern Textelemente mehrdimensional vernetzt und sie auf verschiedenen Ebenen parallel verfügbar und miteinander kombinierbar macht. Diese Form elektronischer Edition hat das Nebeneinander von lückenloser Handschriftenreproduktion, Transkriptionen und Variantenapparaten zum Ziel. Ergänzt werden kann dieses Material um Quellen zur Entstehung, zur Rezeption und Kommentierung, ohne daß dem Editor wie in einer Buchausgabe Umfangsbeschränkungen auferlegt werden müßten. Darüber hinaus können Noten einer Partitur zum Klingen gebracht werden, Gemälde sind abrufbar, und die Inszenierungen von Theaterstücken oder Opern können in Computer-Fenstern mit dem Text in Beziehung gesetzt werden. Die Kombination von traditioneller editorischer Arbeit mit der umfassenden Visualisierung eines Archivs, das das jeweilige Textumfeld in ›virtuelle Realität‹ umsetzt, hält nicht nur ungeahnte Möglichkeiten für den Benutzer bereit, sondern kommt auch dem editorischen Traum von der Vollständigkeit nahe. Aber diese medialen Chancen bergen auch Gefahren in sich: Wird nicht durch solche Verfahren einer ›Konsum-Haltung‹ Vorschub geleistet? Entsteht nicht eine unkontrollierte und dadurch beliebige Bereitstellung von Material, dem letztlich die philologische Bearbeitung fehlt? Wird die Editionswissenschaft zu einem bloß dokumentierenden Dienstleistungsunternehmen degradiert, abgekoppelt vom wissenschaftlichen Diskurs und ständig vom Verlust ihrer ureigensten Ziele bedroht, nämlich die Geschichtlichkeit von Texten zu bewahren und damit auch Geschichte zu interpretieren?

11
Verzeichnis wichtiger editionswissenschaftlicher Fachbegriffe

Apparat (lat. *apparatus* ›Zurüstung, Ausstattung‹) Der Apparat im engeren Sinne *(apparatus criticus)* verzeichnet die Varianten aus der Überlieferungs- bzw. Entstehungsgeschichte eines Textes in historisch-kritischen Editionen. Im weiteren Sinne enthält er als separat gedruckter Teil im Anschluß an einen Edierten Text insbesondere bei Editionen von Texten der neueren Literatur die Beschreibung aller Textträger, die Begründung für die Wahl der Textgrundlage, die Entstehungsgeschichte, das Variantenverzeichnis, Begründungen zur Textgestalt, u. U. eine Dokumentation der Quellen und der Textrezeption zu Lebzeiten des Autors sowie Erläuterungen.

Alternativvariante Alternative Veränderungen einer Textstelle, bei denen der Autor sich noch nicht für den einen oder anderen Wortlaut entschieden hat.

Archetyp (griech. *arche* ›Ursprung‹, *typos* ›Geformtes‹) Der älteste, aus allen Zeugen zu erschließende Überlieferungszustand eines Textes, der aber noch nicht mit dem Original identisch ist.

Auswahlapparat Apparat, der nur eine Auswahl überlieferter bzw. autorisierter Varianten verzeichnet.

Autograph (griech. *autographos* ›eigenhändig geschrieben‹) Eigenhändige Niederschrift eines Textes.

Autorisation Im editorischen Sinne gelten alle vom Autor oder in seinem Auftrag von anderen angefertigten Textträger (Handschriften, Typoskripte, Drucke usw.) als autorisiert, d. h. sie enthalten einen zu einem bestimmten Zeitpunkt vom Autor gebilligten Text.

Copy text Begriff aus der anglo-amerikanischen Textkritik, der einen aus verschiedenen Textfassungen nach jeweils festgelegten Kriterien erarbeiteten ›idealen‹ Text meint.

diakritische Zeichen Editorische Zeichen, die z. B. Korrekturen, Einblendungen, Umstellungen oder Unsicherheiten kennzeichnen.

diplomatischer Abdruck Die genaue, urkundliche Wiedergabe einer Handschrift, wobei sämtliche Eigenheiten (Fehler, Abkürzungen, gelegentlich auch Zeilenfall) übernommen werden.

Doppeldruck Äußerlich scheinbar satzidentische Neuauflage eines Werks, die jedoch tatsächlich durch teilweisen oder vollständigen Neusatz hergestellt wurde und dadurch regelmäßig Veränderungen enthält.

Edierter Text Durch den Editor ausgewählte Textfassung(en), die in einer Edition das jeweilige Werk des Autors in lesbarer Form repräsentieren soll(en).

Editio princeps Erstausgabe.

Emendation (lat. *emendare* ›berichtigen, verbessern‹) Eingriff des Editors in den Text zur Beseitigung von eindeutig erkennbaren Fehlern, darunter Druck-, Hör- oder Schreibfehler.

Faksimile (lat. *fac simile* ›mach ähnlich‹) Fotomechanische Reproduktion eines Originals (Handschrift oder Druck).

Fassung Vollendete oder nicht vollendete Ausführung eines (Kunst-)Werks, die von einer anderen Ausführung abweicht.

Fragment (lat. *fragmentum* ›Bruchstück‹) Absichtlich oder unabsichtlich nicht abgeschlossenes (Kunst-)Werk.

Historisch-kritische Ausgabe Nach Grundsätzen der Textkritik und Editionstechnik erarbeitete Ausgabe eines Textes oder Werkes, die einen authentischen, von Fehlern bereinigten Text enthält und sämtliche überlieferten Varianten der Textgenese dokumentiert. Ergänzt wird die Textdokumentation durch eine Darstellung der Text- und Entstehungsgeschichte, der Wirkungsgeschiehte zu

Lebzeiten des Autors und durch texterschließende Erläuterungen.

Index (lat., ›Anzeiger‹) Registermäßige Verzeichnung von Stichwörtern oder Namen, im editorischen Bereich die Auflistung des Wortmaterials eines Textes oder Werkes.

Karton Ersatzblatt oder Ersatzbogen, die in einige Exemplare einer Auflage eingeklebt oder eingebunden worden sind und daher gegenüber anderen Exemplaren dieser Auflage Abweichungen vom ursprünglichen Satz enthalten können.

Kollation (lat. *collatio* ›Zusammentragen‹) Vergleich von Texten verschiedener Textträger, um Übereinstimmungen und Abweichungen eines Textes zu ermitteln.

Konjektur (lat. *coniectura* ›Vermutung‹) Eingriff des Editors bei einer Textverderbnis, wenn zu vermuten ist, daß auf diese Weise der originale Text wiederhergestellt werden kann.

Konkordanz (lat. *concordare* ›übereinstimmen‹) Zusammenstellung von Wörtern, Ausdrücken und Begriffen, die bei einem Autor oder in einem Werk vorkommen, jeweils mit Belegstellen.

Kontamination (lat. *contaminare* ›durch Vermischung verderben‹) Mischung verschiedener Textfassungen bei der Herstellung eines Edierten Textes (ursprünglich die Mischung unterschiedlicher Überlieferungsstränge).

Lemma (griech., ›Empfangenes‹) Stichwort aus dem Text, auf das sich im Apparat eine Emendation, Variante oder Erläuterung bezieht.

Manuskript (lat. *manu scriptum* ›mit der Hand Geschriebenes‹) Handschriftliche Fixierung eines Textes.

Paläographie (griech. *palaios* ›alt‹, *graphein* ›schreiben‹) Wissenschaftliche Lehre von den Schriftformen, Beschreibstoffen, Schreibmitteln, Schreibgewohnheiten und den antiken bzw. mittelalterlichen Buchformen.

Paralipomenon (griech., ›Übergangenes, Ausgelassenes‹) ›beiseite gelassene‹ Texte häufig zur Vorbereitung eines

Werkes, etwa Exzerpte, Schemata, Verzeichnisse, Listen, Randbemerkungen in Büchern, aber auch fertige Partien eines Werkes, die später ausgeschieden wurden.

Preßkorrektur Bewußt herbeigeführte Veränderungen des Drucksatzes während des Druckvorgangs, d. h., eine Preßkorrektur findet sich zumeist nur in einem Teil einer Auflage, während der andere, zuvor gedruckte Teil der Auflage den unkorrigierten Text enthält.

Preßkorruptele Unabsichtlich herbeigeführte Veränderungen des Drucksatzes während des Druckvorgangs.

Raubdruck Unrechtmäßiger Nachdruck eines Werkes.

Recensio (lat. *recensere* ›mustern‹) Ermittlung aller relevanten Zeugen bzw. Träger eines Textes oder Werkes und die textkritische Prüfung ihrer Beziehungen zueinander.

Redaktion Vorbereitung bzw. Überarbeitung eines Textes für die Drucklegung.

Regest (mlat. *regesta* ›Verzeichnis‹) Knappe Zusammenfassung der wichtigsten Informationen eines Schriftstückes (z. B. Urkunde, Brief).

Quelle Schriftliche, bildliche oder akustische Vorlagen, die ein Autor für die Erarbeitung eines Textes oder Werks herangezogen und ausgewertet hat.

Sigle (lat. *sigullum* ›kleine Figur‹) Editorische Benennung eines Textträgers (Handschrift, Typoskript, Druck, Tonträger) durch festgelegte Buchstaben oder Buchstabenkombinationen und differenzierende Buchstaben- oder Ziffernexponenten.

Sofortkorrektur Korrektur, die bei der unmittelbaren Niederschrift erfolgt ist, und zwar noch vor der Niederschrift des auf die Sofortkorrektur folgenden Textes.

Stemma (griech., ›Stammbaum‹) Graphische, die Chronologie berücksichtigende Darstellung der Beziehungen und Verwandtschaften der relevanten erschlossenen oder vorhandenen Textträger. In der antiken und mediävistischen Editionsphilologie steht an der Spitze des Stemmas das Original, auf das der Archetyp folgt.

Synopse (griech. *synopsis* ›Zusammenschau‹, ›Übersicht‹) Editorische Darstellungsform, die verschiedene Textfassungen einer Partitur vergleichbar so präsentiert, daß Textidentität und -veränderungen sowohl auf horizontaler als auch auf vertikaler Ebene sichtbar werden.

Textgenese Entstehungsprozeß eines Textes oder Werkes.

Textkonstitution Textkritische Herstellung eines Edierten Textes.

Textkritik Editorische Überprüfung der Überlieferung von Texten hinsichtlich ihrer Authentizität.

Textträger Handschriften, Typoskripte, Drucke, Tonaufzeichnungen, Disketten, die den Text eines Werkes enthalten.

Textstufe Texteinheit innerhalb der Textentstehung, die auch chronologisch von der vorhergehenden und der folgenden Texteinheit geschieden werden kann.

Textverwitterung Vom Autor nicht gewollte bzw. nicht autorisierte Veränderungen eines Textes bzw. Eingriffe in einen Text, die ihre Ursache z. B. in Hör-, Lese- oder Schreibfehlern haben. Insbesondere wiederholte Abschriften von Abschriften bzw. Nachdrucke von Nachdrucken führen zu Textverwitterung.

Textzeuge Besonders in der Altphilologie und Mediävistik Bezeichnung für Handschriften, Papyri u. a., die nicht das Original des Autors sind, sondern dieses nur durch Abschriften ›bezeugen‹.

Typoskript (griech. *typos* ›Schlag, Gestalt‹, lat. *scriptum* ›Geschriebenes‹) Mit der Schreibmaschine Geschriebenes.

Überlieferung In der Altphilologie und Mediävistik Bezeichnung für die Weitergabe eines im Original nicht erhaltenen Textes durch autorfremde Abschriften. Obwohl für neuphilologische Texte meistens unmittelbar vom Autor stammende oder auf ihn zurückgehende Handschriften und Drucke vorliegen, wird der Begriff der Überlieferung hier auch zur Ermittlung und Beschreibung sämtlicher erhaltener bzw. rekonstruierbarer Textträger benutzt.

Variante (lat. *varius* ›verschieden‹) Veränderung eines Textes durch den Autor selbst oder von anderen, die vom Autor beauftragt worden sind (Autor- oder Entstehungsvariante). Dagegen ist eine Überlieferungs- oder Fremdvariante eine Veränderung gegenüber einer Textfassung, die nicht auf den Autor zurückgeht, sondern durch Eingriffe von Abschreibern, Bearbeitern, Korrektoren oder Setzern entstanden ist.

Bibliographie

Im Text wird auf die nachfolgend verzeichneten Titel der Bibliographie (B) jeweils in Klammern mit dem Verfassernamen, der Nummer des bibliographischen Abschnitts, dem Publikationsjahr und der Seitenzahl verwiesen (z. B. Kanzog, B 5: 1991, 185).

1. Ausgaben

Ludwig Achim von Arnim: Werke und Briefwechsel. Historisch-kritische Ausgabe. In Zusammenarbeit mit der Stiftung Weimarer Klassik hrsg. von Roswitha Burwick, Lothar Ehrlich, Heinz Härtl, Renate Moering, Ulfert Ricklefs und Christof Wingertszahn. Tübingen: Niemeyer, 2000 ff.

Bertolt Brecht. Werke. Große kommentierte Berliner und Frankfurter Ausgabe. Hrsg. von Werner Hecht, Jan Knopf, Werner Mittenzwei, Klaus Detlef Müller. Berlin/Weimar: Aufbau-Verlag; Frankfurt a. M.: Suhrkamp, 1988–2000.

Clemens Brentano. Sämtliche Werke und Briefe. Historisch-kritische Ausgabe. Hrsg. von Jürgen Behrens, Wolfgang Frühwald und Detlev Lüders. Stuttgart: Kohlhammer, 1975 ff.

Georg Büchner. Woyzeck. Faksimile-Ausgabe der Handschriften. Bearb. von Gerhard Schmid. Wiesbaden: Reichert, 1981.

Georg Büchner. Leonce und Lena. Ein Lustspiel. Kritische Studienausgabe. Hrsg. von Thomas Michael Mayer. In: Burghard Dedner (Hrsg.): Georg Büchner: Leonce und Lena. Kritische Studienausgabe, Beiträge zu Text und Quellen. Frankfurt a. M.: Athenäum-Verlag, 1987.

Georg Büchner. Sämtliche Werke und Schriften. Historisch-kritische Ausgabe mit Quellendokumentation und Kommentar (Marburger Ausgabe). Im Auftrag der Akademie der Wissenschaften und der Literatur, Mainz, hrsg. von Burghard Dedner und Thomas Michael Mayer [ab 2005: hrsg. von Burghard Dedner, mitbegr. von Thomas Michael Mayer]. Darmstadt: Wissenschaftliche Buchgesellschaft, 2000 ff. [Zit. als: Büchner, HKA.]

Paul Celan. Werke. Historisch-kritische Ausgabe. Bes. von der Bonner Arbeitsstelle für die Celan-Ausgabe Beda Allemann, Rolf

Bücher, Axel Gellhaus, Stefan Reichert. Frankfurt a. M.: Suhrkamp, 1990 ff.

Gesammelte Schriften Wilhelm Diltheys. Göttingen: Vandenhoeck & Ruprecht, 1917 ff.

Annette von Droste-Hülshoff. Historisch-kritische Ausgabe. Werke. Briefwechsel. Hrsg. von Winfried Woesler. Tübingen: Niemeyer, 1978–2000. [Zit. als: Droste, HKA.]

Goethe's Werke. Vollständige Ausgabe letzter Hand. 40 Bde. Stuttgart/Tübingen: Cotta, 1827–30.

Goethes Werke. Hrsg. im Auftrage der Großherzogin Sophie von Sachsen. 133 (in 143) Bde. Weimar: Böhlau, 1887–1919. [Weimarer Ausgabe. – Zit. als: WA.]

Goethes Werke. Hamburger Ausgabe in 14 Bdn. Hrsg. von Erich Trunz. München: Beck, 1981 [u. ö.].

Goethe über seine Dichtungen. Versuch einer Sammlung aller Äußerungen des Dichters über seine poetischen Werke. Hrsg. von Hans Gerhard Gräf. 9 Bde. Frankfurt a. M.: Rütten & Loening, 1901–14.

Werke Goethes. Hrsg. von der Deutschen Akademie der Wissenschaften zu Berlin unter der Leitung von Ernst Grumach. [Seit 1963: Hrsg. vom Institut für deutsche Sprache und Literatur der Deutschen Akademie der Wissenschaften zu Berlin.] 20 Bde. 3 Ergänzungs-Bde. Berlin: Akademie-Verlag, 1952–66.

Briefe an Goethe. Gesamtausgabe in Regestform. Hrsg. von der Stiftung Weimarer Klassik und Kunstsammlungen. Goethe- und Schiller-Archiv. Weimar: Böhlau, 1980 ff.

Goethe. Aus meinem Leben. Dichtung und Wahrheit. Historisch-kritische Ausgabe bearb. von Siegfried Scheibe. 2 Bde. Berlin: Akademie-Verlag, 1970–74. [Zit. als: DuW]

Heinrich Heine. Historisch-kritische Gesamtausgabe der Werke. Hrsg. von Manfred Windfuhr. Hamburg: Hoffmann & Campe, 1973–97. [Düsseldorfer Heine-Ausgabe. – Zit. als: DHA.]

Heinrich Heine. Säkularausgabe. Werke. Briefwechsel. Lebenszeugnisse. Hrsg. von den Nationalen Forschungs- und Gedenkstätten der klassischen deutschen Literatur in Weimar [seit 1991: Stiftung Weimarer Klassik] und dem Centre National de la Recherche Scientifique in Paris. Berlin: Akademie-Verlag; Paris: Editions du Centre National de la Recherche Scientifique, 1970 ff.

Georg Heym. Gedichte 1910–1912. Historisch-kritische Ausgabe aller Texte in genetischer Darstellung. Hrsg. von Günter Dammann, Gunter Martens und Karl Ludwig Schneider. 2 Bde. Tübingen: Niemeyer, 1993.

Hugo von Hofmannsthal. Sämtliche Werke. Kritische Ausgabe. Veranstaltet vom Freien Deutschen Hochstift. Frankfurt a. M.: S. Fischer, 1975 ff.

Hölderlin. Sämtliche Werke. Hrsg. von Friedrich Beißner. 8 Bde. Stuttgart: Cotta [seit 1951: Kohlhammer, Cotta; seit 1968: Kohlhammer], 1943–85. [Große Stuttgarter Hölderlin-Ausgabe. – Zit. als: SHA.]

Friedrich Hölderlin. Sämtliche Werke. Frankfurter Ausgabe. Hrsg. von D. E. Sattler. Frankfurt a. M.: Stroemfeld / Roter Stern, 1975 ff.

James Joyce. Ulysses. A Critical and Synoptic Edition. Hrsg. von Hans Walter Gabler mit Wolfhard Steppe und Claus Melchior. 3 Bde. New York / London: Garland, 1984. ^{2}1986.

Franz Kafka. Schriften, Tagebücher, Briefe. Kritische Ausgabe. Hrsg. von Jürgen Born, Gerhard Neumann, Malcolm Pasley und Jost Schillemeit. Frankfurt a. M.: S. Fischer, 1982 ff.

Franz Kafka. Historisch-kritische Ausgabe sämtlicher Handschriften, Drucke und Typoskripte. Hrsg. von Roland Reuß und Peter Staengle. Basel / Frankfurt a. M.: Stroemfeld / Roter Stern, 1995 ff.

Gottfried Keller. Sämtliche Werke. Historisch-kritische Ausgabe. Hrsg. unter der Leitung von Walter Morgenthaler im Auftrag der Stiftung Historisch-Kritische Gottfried-Keller-Ausgabe. Basel / Frankfurt a. M.: Stroemfeld / Roter Stern; Zürich: Verlag Neue Zürcher Zeitung, 1998 ff.

H. v. Kleist. Sämtliche Werke [Berliner, seit 1992:] Brandenburger Ausgabe. Hrsg. von Roland Reuß und Peter Staengle. Basel / Frankfurt a. M.: Stroemfeld / Roter Stern, 1988 ff.

Friedrich Gottlieb Klopstock. Werke und Briefe. Historisch-kritische Ausgabe. Hrsg. von Horst Gronemeyer, Elisabeth Höpker-Herberg, Klaus Hurlebusch und Rose-Maria Hurlebusch. Berlin / New York: de Gruyter, 1974 ff.

G. E. Lessings sämmtliche Schriften. Hrsg. von Karl Lachmann. 13 Bde. Berlin: Voß, 1838–40.

Gotthold Ephraim Lessings sämtliche Schriften. Hrsg. von Karl Lachmann. 3. Aufl. bes. durch Franz Muncker. 23 Bde. Stuttgart: Göschen, 1886–94; Leipzig: Göschen, 1897–1907; Berlin/Leipzig: de Gruyter, 1915–24.

Die Briefe Thomas Manns. Regesten und Register. Hrsg. von Hans Bürgin und Hans-Otto Mayer. 5 Bde. Frankfurt a. M.: S. Fischer, 1976-87.

Karl Marx und Friedrich Engels. Gesamtausgabe (MEGA). Hrsg. vom Institut für Marxismus-Leninismus beim Zentralkomitee der Kommunistischen Partei der Sowjetunion und vom Institut für Marxismus-Leninismus beim Zentralkomitee der Sozialistischen Einheitspartei Deutschlands [seit 1991: hrsg. von der Internationalen Marx-Engels-Stiftung Amsterdam]. Berlin: Dietz [seit 1998: Akademie-Verlag], 1975 ff.

Conrad Ferdinand Meyer. Sämtliche Werke. Historisch-kritische Ausgabe. Bes. von Hans Zeller und Alfred Zäch. 15 Bde. Bern: Benteli, 1958–97.

Eduard Mörike. Werke und Briefe. Historisch-kritische Gesamtausgabe. Im Auftrage des Ministeriums für Wissenschaft, Forschung und Kunst Baden-Württemberg und in Zusammenarbeit mit dem Schiller-Nationalmuseum Marbach a. N. hrsg. von Hubert Arbogast, Hans-Henrik Krummacher, Herbert Meyer und Bernhard Zeller. Stuttgart: Klett, 1967 ff.

Martin Opitzens Von Boberfeld Gedichte. Hrsg. von J[ohann] J[akob] B[odmer] und J[ohann] J[akob] B[reitiriger]. Erster Theil. Zürich: Orell, 1745.

[Remarque] Thomas F. Schneider: Erich Maria Remarques Roman *Im Westen nichts Neues*. Text, Edition, Entstehung, Distribution und Rezeption (1928–1930). Tübingen: Niemeyer, 2004. (Exempla Critica. Historisch-kritische Einzelausgaben zur neueren deutschen Literatur. 1.)

Peter Rühmkorf. Selbst III/88. Aus der Fassung. Zürich: Haffmans, [1989].

Georg Trakl. Sämtliche Werke und Briefwechsel. Innsbrucker Ausgabe. Historisch-kritische Ausgabe mit Faksimiles der handschriftlichen Texte Trakls hrsg. von Eberhard Sauermann und Hermann Zwerschina. Basel / Frankfurt a. M.: Stroemfeld / Roter Stern, 1995 ff.

Schillers sämmtliche Schriften. Historisch-kritische Ausgabe. Im Verein mit A. Ellissen, R. Köhler, W. Müldener, H. Oesterley, H. Sauppe und W. Vollmer hrsg. von Karl Goedeke. Stuttgart: Cotta, 1867–76.

Schillers Werke. Nationalausgabe. Hrsg. von Julius Petersen und Gerhard Fricke [seit 1948 hrsg. von Julius Petersen und Hermann

Schneider, seit 1961 hrsg. von Lieselotte Blumenthal und Benno von Wiese, seit 1980 hrsg. von Norbert Oellers und Siegfried Seidel]. Weimar: Böhlau, 1943 ff.

Adalbert Stifter. Werke und Briefe. Historisch-kritische Gesamtausgabe. Hrsg. von Alfred Doppler und Wolfgang Frühwald. Stuttgart/Berlin/Köln/Mainz: Kohlhammer, 1978 ff.

2. Bibliographien, Handbücher, Handschriftenkataloge

Handbuch der Editionen. Deutschsprachige Schriftsteller. Ausgang des 15. Jahrhunderts bis zur Gegenwart. Bearb. von Waltraud Hagen (Leitung und Gesamtredaktion), Inge Jensen, Edith Nahler, Horst Nahler. Berlin 1979. [2]1981. – Auch München 1979. [2]1981.

Hahn, Karl-Heinz: Goethe- und Schiller-Archiv. Bestandsverzeichnis. Weimar 1961.

Inventare des Goethe- und Schiller-Archivs. Hrsg. von den Nationalen Forschungs- und Gedenkstätten der klassischen deutschen Literatur in Weimar [ab 2000: Stiftung Weimarer Klassik], Goethe- und Schiller-Archiv. Weimar 1989 ff.

Kussmaul, Ingrid: Die Nachlässe und Sammlungen des Deutschen Literaturarchivs Marbach am Neckar. Ein Verzeichnis. Marbach a. N. 1983. [2]1986.

Plachta, Bodo: Der handschriftliche Nachlaß der Annette von Droste-Hülshoff. Bern / Frankfurt a. M. / New York / Paris 1988. (Arbeiten zur Editionswissenschaft. 1.)

Hagen, Waltraud: Die Drucke von Goethes Werken. Berlin 1971. Weinheim [2]1983.

Schneider, Karin: Paläographie und Handschriftenkunde für Germanisten. Eine Einführung. Tübingen 1999.

Ziesche, Rudolf (Bearb.): Der Manuskriptnachlaß Gerhart Hauptmanns. [Katalog.] Wiesbaden 1977.

Ziesche, Eva: Der handschriftliche Nachlaß Georg Wilhelm Friedrich Hegels und die Hegel-Bestände der Staatsbibliothek zu Berlin. Preußischer Kulturbesitz. 2 Tle. Wiesbaden 1995.

Der handschriftliche Nachlaß Johann Gottfried Herders. Katalog im Auftrag und mit Unterstützung der Akademie der Wissenschaften in Göttingen bearb. von Hans Dietrich Irmscher und Emil Adler. Wiesbaden 1979.

Katalog der Hölderlin-Handschriften. Auf Grund der Vorarbeiten von Irene Koschlig-Wiem bearb. von Johanne Autenrieth und Alfred Kelletat. Stuttgart 1961. (Veröffentlichungen des Hölderlin-Archivs. 3.)

Dichterhandschriften von Martin Luther bis Sarah Kirsch. Hrsg. von Jochen Meyer. Stuttgart 1999. 2., durchges. Aufl. 2003.

3. Periodika

Ecdotica. Rom 2004 ff.

editio. Internationales Jahrbuch für Editionswissenschaft. Hrsg. von Bodo Plachta und Winfried Woesler. Tübingen 1987ff.

Genesis. Manuscrits – recherche – invention. Revue internationale de critique génétique. Paris 1992 ff.

Jahrbuch für Computerphilologie. Hrsg. von Georg Braungart, Karl Eibl, Fotis Jannidis. Paderborn 1999 ff. [online: http://computerphilologie.uni-muenchen.de/ejournal.html]

Text. Kritische Beiträge. Im Auftrag des Instituts für Textkritik e. V. hrsg. von Roland Reuß. Frankfurt a. M. 1995ff.

Variants. The Journal of the European Society for Textual Scholarship. Turnhout [ab 2004: Amsterdam / New York] 2003 ff.

4. Geschichte der Editionswissenschaft

Bein, Thomas (Hrsg.): Altgermanistische Editionswissenschaft. Frankfurt a. M. [u. a.] 1995. (Dokumentation Germanistischer Forschung. 1.)

Martens, Gunter: Neuere Tendenzen in der germanistischen Edition. In: Philosophische Editionen. Erwartungen an sie – Wirkungen durch sie. Beiträge zur VI. Internationalen Fachtagung der Arbeitsgemeinschaft philosophischer Editionen (11.–13. Juni 1992 Berlin). Hrsg. von Hans Gerhard Senger. Tübingen 1994. (Beihefte zu editio. 6.) S. 71–82.

Nutt-Kofoth, Rüdiger (Hrsg.): Dokumente zur Geschichte der neugermanistischen Edition. Tübingen 2005. (Bausteine zur Geschichte der Edition. 1.)

– / Plachta, Bodo (Hrsg.): Editionen zu deutschsprachigen Autoren als Spiegel der Editionsgeschichte. Tübingen 2005. (Bausteine zur Geschichte der Edition. 2.)

Oellers, Norbert: Editionswissenschaft um 1945. In: Zeitenwechsel. Germanistische Literaturwissenschaft vor und nach 1945. Hrsg. von Wilfried Barner und Christoph König. Frankfurt a. M. 1996. S. 103–118.

Plachta, Bodo: Germanistische Editionswissenschaft im Kontext ihrer Geschichte. In: Anglia 119 (2001) S. 375–398.

– Made in Germany: Die Erfolgsgeschichte der Historisch-kritischen Ausgabe. In: Jahrbuch für Internationale Germanistik 35 (2003) H. 2. S. 137–151.

Roloff, Hans-Gert (Hrsg.): Geschichte der Editionsverfahren vom Altertum bis zur Gegenwart im Überblick. Ringvorlesung. Berlin 2003. (Berliner Beiträge zur Editionswissenschaft. 5.)

5. Monographien

Barth, Ilse-Marie: Die Überlieferung des Schauspiels »Prinz Friedrich von Homburg«. Das Heidelberger Manuskript und die Erstausgabe des Jahres 1821 durch Ludwig Tieck. Mit einer verkleinerten Wiedergabe der Heidelberger Handschrift. Heidelberg 1978. (Beihefte zum Euphorion. 14.)

Bein, Thomas: Textkritik. Eine Einführung in Grundlagen der Edition altdeutscher Dichtung. Göppingen 1990.

Beißner, Friedrich: Neue Wieland-Handschriften. Berlin 1938.

– Reden und Aufsätze. Weimar 1961.

Bockelkamp, Marianne: Analytische Forschungen zu Handschriften des 19. Jahrhunderts. Am Beispiel der Heine-Handschriften der Bibliothèque Nationale Paris. Hamburg 1982.

Boghardt, Martin: Analytische Druckforschung. Ein methodischer Beitrag zu Buchkunde und Textkritik. Hamburg 1977.

Brod, Max: Über Franz Kafka. Frankfurt a. M. 1983.

Graber, Stefan: Der Autortext in der historisch-kritischen Ausgabe. Ansätze zu einer Theorie der Textkritik. Bern 1998.

Greetham, D. C: Textual Scholarship. An Introduction. New York/London 1992.

Grésillon, Almuth: Literarische Handschriften. Einführung in die »critique génétique«. Aus dem Frz. übers. von Frauke Rother und Wolfgang Günther, red. überarb. von Almuth Grésillon. Bern [u. a.] 1999. (Arbeiten zur Editionswissenschaft. 4.)

Grundlagen der Goethe-Ausgabe. Ausgearbeitet von den Mitarbeitern der Goethe-Ausgabe der Deutschen Akademie der Wissenschaften zu Berlin. Berlin 1961. [Typoskript.] Jetzt in: Dokumente zur Geschichte der neugermanischen Edition. Hrsg. von Rüdiger Nutt-Kofoth. Tübingen 2005. (Bausteine zur Geschichte der Edition. 1.) S. 223–234.

Hahn, Karl-Heinz: Aus der Werkstatt deutscher Dichter. Goethe, Schiller, Heine. Halle 1963. (Beiträge zur Gegenwartsliteratur. 1.)

Hunger, Herbert [u. a.]: Geschichte der Textüberlieferung der antiken und mittelalterlichen Literatur. 2 Bde. Zürich 1961.

Kanzog, Klaus: Prolegomena zu einer historisch-kritischen Ausgabe der Werke Heinrich von Kleists. Theorie und Praxis einer modernen Klassiker-Edition. München 1970.

– Einführung in die Editionsphilologie der neueren deutschen Literatur. Berlin 1991. (Grundlagen der Germanistik. 31.)

König, Christoph: Verwaltung und wissenschaftliche Erschließung von Nachlässen in Literaturarchiven. Österreichische Richtlinien als Modell. München / New York / London / Paris 1988.

Kraft, Herbert: Die Geschichtlichkeit literarischer Texte. Eine Theorie der Edition. Bebenhausen 1973.

– Editionsphilologie. Mit Beiträgen von Jürgen Gregolin, Wilhelm Ott und Gert Vonhoff. Unter Mitarb. von Michael Billmann. Darmstadt 1990. 2., neubearb. und erw. Aufl. mit Beiträgen von Diana Schilling und Gert Vonhoff. Frankfurt a. M. [u. a.] 2001.

Kreutzer, Hans Joachim: Überlieferung und Edition. Textkritische und editorische Probleme, dargestellt am Beispiel einer historisch-kritischen Kleist-Ausgabe. Mit einem Beitrag von Klaus Kanzog. Heidelberg 1976.

Kurrelmeyer, Wilhelm: Die Doppeldrucke in ihrer Bedeutung für die Textgeschichte von Wielands Werken. Berlin 1913.

Maas, Paul: Textkritik. Leipzig [4]1960.

Mecklenburg, Günther: Vom Autographensammeln. Versuch einer Darstellung seines Wesens und seiner Geschichte im deutschen Sprachgebiet. Marburg 1963.

Meyer, Heinrich: Edition und Ausgabentypologie. Eine Untersuchung der editionswissenschaftlichen Literatur des 20. Jahrhunderts. Bern [u. a.] 1992.

Nutt-Kofoth, Rüdiger: *Letzte Gaben* von Annette von Droste-Hülshoff (1860). Zum editionsphilologischen Umgang mit einer frühen Nachlaßedition. Eine exemplarische Untersuchung. Mit dem Faksimiledruck der *Letzten Gaben* als Beigabe. 2 Bde. Bern [u. a.] 1999. (Arbeiten zur Editionswissenschaft. 5.)

Nyström, Esbjörn: Libretto im Progress. Brechts und Weills *Aufstieg und Fall der Stadt Mahagonny* aus textgeschichtlicher Sicht. Bern [u. a.] 2005. (Arbeiten zur Editionswissenschaft. 6.)

Ott, Wilhelm / Gabler, Hans Walter / Sappler, Paul: EDV-Fibel für Editoren. Stuttgart/Tübingen 1982.

Pasley, Malcolm (Bearb.): Franz Kafka. Der Prozeß. Die Handschrift redet. Mit einem Beitr. von Ulrich Ott. Marbach a. N. 1990. (Marbacher Magazin. 52/1990.)

Pfäfflin, Friedrich (Bearb.): Vom Schreiben 1. Das weiße Blatt oder Wie anfangen? Marbach a. N. 1994. (Marbacher Magazin. 68/1994.)

Pöhlmann, Egert: Einführung in die Überlieferungsgeschichte und in die Textkritik der antiken Literatur. Bd. 1: Altertum. Darmstadt 1994.

Polheim, Karl / Polheim, Karl-Konrad: Text und Textgeschichte des *Taugenichts*. Eichendorffs Novelle von der Entstehung bis zum Ende der Schutzfrist. 2 Bde. Tübingen 1989.

Radecke, Gabriele: Vom Schreiben zum Erzählen. Eine textgenetische Studie zu Theodor Fontanes *L'Adultera*. Würzburg 2002. (Epistemata. Reihe Literaturwissenschaft. 358.)

Scheibe, Siegfried (Leitung) / Hagen, Waltraud / Laufer, Christel / Motschmann, Uta: Vom Umgang mit Editionen. Eine Einführung in Verfahrensweisen und Methoden der Textologie. Berlin 1988.

Schiffer, Eva: Zwischen den Zeilen. Manuskriptänderungen bei Thomas Mann. Transkriptionen und Deutungsversuche. Berlin 1982.

Schütterle, Annette: Franz Kafkas Oktavhefte. Ein Schreibprozeß als »System des Teilbaues«. Freiburg i. Br. 2002. (Cultura. 33.)

Seidel, Gerhard: Bertolt Brecht – Arbeitsweise und Edition. Das literarische Werk als Prozeß. Berlin 1977.

Seiffert, Hans Werner: Untersuchungen zur Methode der Herausgabe deutscher Texte. Berlin 1963. ^{2}1969.

Seuffert, Bernhard: Prolegomena zu einer Wielandausgabe. 9 Tle. in 2 Bdn. Berlin 1904–41.

Shillingsburg, Peter L.: Scholarly Editing in the Computer Age. Theory and Practice. Athens (GA) / London 1986.

Timpanaro, Sebastiano: Die Entstehung der Lachmannschen Methode. Hamburg [2]1971.
Waleczek, Lioba: »Doch vergangenes ist, wie künftiges heilig ...«. Zur Editionsproblematik der Stuttgarter und Frankfurter Hölderlin-Ausgabe. Baden-Baden [1994].
Weidl, Erhard: Heinrich Heines Arbeitsweise. Kreativität der Veränderung. Hamburg 1974.
Witkowski, Georg: Textkritik und Editionstechnik neuerer Schriftwerke. Ein methodologischer Versuch. Leipzig 1924.
Woesler, Winfried: Probleme der Editionstechnik. Überlegungen anläßlich der neuen kritischen Ausgabe des *Geistlichen Jahres* der Annette von Droste-Hülshoff. Münster 1967.

6. Sammelbände

Bein, Thomas / Nutt-Kofoth, Rüdiger / Plachta, Bodo (Hrsg.): Autor – Autorisation – Authentizität. Beiträge der Internationalen Fachtagung der Arbeitsgemeinschaft für germanistische Edition in Verbindung mit der Arbeitsgemeinschaft philosophischer Editionen und der Fachgruppe Freie Forschungsinstitute in der Gesellschaft für Musikforschung, Aachen, 20. bis 23. Februar 2002. Tübingen 2004. (Beihefte zu editio. 21.)
Fetz, Bernhard / Kastberger, Klaus (Hrsg.): Von der ersten zur letzten Hand. Theorie und Praxis der literarischen Edition. Bozen 2000.
Gärtner, Kurt / Sappler, Paul / Trauth, Michael (Hrsg.): Maschinelle Verarbeitung altdeutscher Texte IV. Beiträge zum Vierten Internationalen Symposion Trier 28. Februar bis 2. März 1988. Tübingen 1991.
Gellhaus, Axel / Eckel, Winfried / Kaiser, Diethelm / Lohr-Jasperneite, Andreas / Lohse, Nikolaus (Hrsg.): Die Genese literarischer Texte. Modelle und Analysen. Würzburg 1994.
Gleßgen, Martin-Dietrich / Lebsanft, Franz (Hrsg.): Alte und neue Philologie. Tübingen 1997. (Beihefte zu editio. 8.)
Golz, Jochen (Hrsg.): Edition von autobiographischen Schriften und Zeugnissen zur Biographie. Internationale Fachtagung der Arbeitsgemeinschaft für germanistische Edition an der Stiftung Weimarer Klassik, 2.–5. März 1994, autor- und problembezogene Referate. Tübingen 1995. (Beihefte zu editio. 7.)

Greetham, D. C. (Hrsg.): Scholarly Editing. A Guide to Research. New York 1995.

Grumach, Ernst (Hrsg.): Beiträge zur Goetheforschung. Berlin 1959.

Hay, Louis / Woesler, Winfried (Hrsg.): Die Nachlaßedition. La publication de manuscrits inédits. Akten des vom Centre National de la Recherche Scientifique und der Deutschen Forschungsgemeinschaft veranstalteten französisch-deutschen Editorenkolloquiums Paris 1977. Bern / Frankfurt a. M. / Las Vegas 1979.

Honnefelder, Gottfried (Hrsg.): Warum Klassiker? Ein Almanach zur Eröffnungsedition der Bibliothek deutscher Klassiker. Frankfurt a. M. 1985.

Janota, Johannes (Hrsg.): Eine Wissenschaft etabliert sich. 1810–1870. Tübingen 1980.

Jansohn, Christa / Plachta, Bodo (Hrsg.): Varianten – Variants – Variantes. Tübingen 2005. (Beihefte zu editio. 22.)

Kamzelak, Roland (Hrsg.): Computergestützte Text-Edition. Tübingen 1999. (Beihefte zu editio. 12.)

Lühning, Helga (Hrsg.): Musikedition. Mittler zwischen Wissenschaft und musikalischer Praxis. Tübingen 2002. (Beihefte zu editio. 17.)

Martens, Gunter (Hrsg.): Kommentierungsverfahren und Kommentarformen. Hamburger Kolloquium der Arbeitsgemeinschaft für germanistische Edition 4. bis 7. März 1992, autor- und problembezogene Referate. Tübingen 1993. (Beihefte zu editio. 5.)

– / Woesler, Winfried (Hrsg.): Edition als Wissenschaft. Festschrift für Hans Zeller. Tübingen 1991. (Beihefte zu editio. 2.)

– / Zeller, Hans (Hrsg.): Texte und Varianten. Probleme ihrer Edition und Interpretation. München 1971.

– / Zeller, Hans (Hrsg.): Textgenetische Edition. Tübingen 1997. (Beihefte zu editio. 10.)

Mundt, Lothar / Roloff, Hans-Gert / Seelbach, Ulrich (Hrsg.): Probleme der Edition von Texten der Frühen Neuzeit. Beiträge zur Arbeitstagung der Kommission für die Edition von Texten der Frühen Neuzeit. Tübingen 1992. (Beihefte zu editio. 3.)

Nutt-Kofoth, Rüdiger / Plachta, Bodo / van Vliet, H. T. M. / Zwerschina, Hermann (Hrsg.): Text und Edition. Positionen und Perspektiven. Berlin 2000.

Plachta, Bodo / van Vliet, H. T. M. (Hrsg./Ed.): Perspectives of Scholarly Editing. Perspektiven der Textedition. Berlin 2002.

Roloff, Hans-Gert (Hrsg.): Die Funktion von Editionen in Wissenschaft und Gesellschaft. Ringvorlesung des Studiengebiets Editionswissenschaft an der Freien Universität Berlin. Berlin 1998. (Berliner Beiträge zur Editionswissenschaft. 3.)

Sappler, Paul / Straßner, Erich (Hrsg.): Maschinelle Verarbeitung altdeutscher Texte. Beiträge zum dritten Symposion Tübingen 17.–19. Februar 1977. Tübingen 1980.

Scheibe, Siegfried (Hrsg.) / Laufer, Christel (Red.): Zu Werk und Text. Beiträge zur Textologie. Berlin 1991.

Scheibe, Siegfried / Jensen, Inge / Hagen, Waltraud / Praschek, Helmut: Goethe-Studien. Berlin 1965.

Schwob, Anton / Kranich-Hofbauer, Karin / Suntinger, Diethard (Hrsg.): Historische Edition und Computer. Möglichkeiten und Probleme interdisziplinärer Textverarbeitung und Textbearbeitung. Graz 1989.

Senger, Hans Gerhard (Hrsg.): Philosophische Editionen. Erwartungen an sie – Wirkungen durch sie. Beiträge zur VI. Internationalen Fachtagung der Arbeitsgemeinschaft philosophischer Editionen (11.–13. Juni 1992 Berlin). Tübingen 1994. (Beihefte zu editio. 6.)

Stern, Martin (Hrsg.) / Grob, Beatrice / Groddeck, Wolfram / Puff, Helmut (Mitarb.): Textkonstitution bei mündlicher und bei schriftlicher Überlieferung. Basler Editoren-Kolloquium 19.–22. März 1990, autor- und werkbezogene Referate. Tübingen 1991. (Beihefte zu editio. 1.)

Stingelin, Martin, in Zsarb. mit Davide Giuriato und Sandro Zanetti (Hrsg.): »Mir ekelt vor diesem tintenklecksenden Säkulum«. Schreibszenen im Zeitalter der Manuskripte. Paderborn 2004. (Zur Genealogie des Schreibens. 1.)

Werner, Michael / Woesler, Winfried (Hrsg.): Edition et Manuscrits. Probleme der Prosa-Edition. Akten des mit Unterstützung des Centre National de la Recherche Scientifique und der Deutschen Forschungsgemeinschaft veranstalteten französisch-deutschen Editorenkolloquiums Paris 1983. Bern / Frankfurt a. M. / New York / Paris 1987.

7. Einzelbeiträge

Alewyn, Richard: 20 000 Blätter von Hofmannsthals Hand. Die kritische Edition seiner Werke hat begonnen. In: Süddeutsche Zeitung. 15.–16. Mai 1976.

Backmann, Reinhold: Die Gestaltung des Apparates in den kritischen Ausgaben neuerer deutscher Dichter. Mit besonderer Berücksichtigung der großen Grillparzer-Ausgabe der Stadt Wien. In: Euphorion 25 (1924) S. 629–662.

Beißner, Friedrich: Einige Bemerkungen über den Lesartenapparat zu Werken neuerer Dichter. In: Orbis litterarum 13 (1958) S. 5–20.

– Editionsmethoden der neueren deutschen Philologie. In: Zeitschrift für deutsche Philologie 83 (1964) Sonderheft. S. 72–96.

– Lesbare Varianten. Die Entstehung einiger Verse in Heines *Atta Troll*. In: Festschrift für Josef Quint, anläßlich seines 65. Geburtstages überreicht. Hrsg. von Hugo Moser, Rudolf Schützeichel und Karl Stackmann. Bonn 1964. S. 15–23.

Bockelkamp, Marianne: Wasserzeichen in neueren Handschriften. Ihre Erfassung und Auswertung. In: editio 4 (1990) S. 21–43.

– Was lehren uns die Wasserzeichen der Pariser Winckelmann-Handschriften? In: Philobiblon 40 (1996) H. 1. S. 40–56.

Boghardt, Martin: Zur Textgestalt der *Minna von Barnhelm*. In: Wolfenbütteler Studien zur Aufklärung. Im Auftrag der Lessing-Akademie hrsg. von Günter Schulz. Bd. 2. Wolfenbüttel 1975. S. 200–222.

Boie, Bernhild: Erinnertes Erfinden. In: Literatur als Erinnerung. Winfried Woesler zum 65. Geburtstag. Hrsg. von Bodo Plachta. Tübingen 2004. S. 347–367.

Bunge, Hans-Joachim: Vorausbemerkungen zu einer historisch-kritischen Ausgabe der Schriften Bertolt Brechts. In: Spektrum 4 (1958) H. 1–3. S. 23–30.

– Über die Theaterarbeit Bertolt Brechts. In: Arbeitskreis Bertolt Brecht. Mitteilungen und Diskussionen. Wiesbaden [Nr. 1] Juni 1960. S. 14–18.

Dammann, Günter / Martens, Gunter: Einführung in die textgenetische Darstellung der Gedichte Georg Heyms. In: editio 5 (1991) S. 178–198.

Dedner, Burghard: Die Darstellung von Quellenabhängigkeiten anhand von Beispielen. In: editio 11 (1997) S. 97–115.

Dietze, Walter: »Faust«, Vers 11580. Jahresgabe der Nationalen Forschungs- und Gedenkstätten der klassischen deutschen Literatur in Weimar 1975. Weimar 1975.

Enzensberger, Hans Magnus: Die Entstehung eines Gedichts. In: H. M. E.: Gedichte. Die Entstehung eines Gedichts. Nachw. von Werner Weber. Frankfurt a. M. 1965. S. 37–60.

Frühwald, Wolfgang: Formen und Inhalte des Kommentars wissenschaftlicher Textausgaben. In: Probleme der Kommentierung. [...] Hrsg. von W. F., Herbert Kraft und Walter Müller-Seidel. Bonn-Bad Godesberg 1975. S. 13–32.

Fuhrmann, Manfred: Kommentierte Klassiker? Über die Erklärungsbedürftigkeit der klassischen deutschen Literatur. In: Warum Klassiker? Ein Almanach zur Eröffnungsedition der Bibliothek deutscher Klassiker. Hrsg. von Gottfried Honnefelder. Frankfurt a. M. 1985. S. 37–57.

– Kommentierte Klassiker. Was man von einem guten Kommentar erwarten darf. In: Klassiker Magazin 3 (1988) S. 6–21.

Gabler, Hans Walter: Optionen und Lösungen: Zur kritischen und synoptischen Edition von James Joyces *Ulysses*. In: editio 9 (1995) S. 179–213.

Göttsche, Dirk: Ausgabentypen und Ausgabenbenutzer. In: Text und Edition. Positionen und Perspektiven. Hrsg. von Rüdiger Nutt-Kofoth [u. a.]. Berlin 2000. S. 37–63.

Golz, Jochen: Das Goethe- und Schiller-Archiv in Geschichte und Gegenwart. In: Jochen Golz (Hrsg.): Das Goethe- und Schiller-Archiv. 1896–1996. Beiträge aus dem ältesten deutschen Literaturarchiv. Weimar/Köln/Wien 1996. S. 13–70.

Grumach, Ernst: Prolegomena zu einer Goethe-Ausgabe. In: Goethe-Jahrbuch 12 (1950) S. 60–88.

– Probleme der Goethe-Ausgabe. In: Das Institut für deutsche Sprache und Literatur. Vorträge, gehalten auf der Eröffnungstagung 1954. Berlin 1954. S. 39–51.

Hagen, Waltraud: Frühe Hand – späte Hand? Methodische und praktische Überlegungen zur Wahl der Textgrundlage in Werkeditionen. In: Zu Werk und Text. Beiträge zur Textologie. Hrsg. von Siegfried Scheibe und Christel Laufer (Red.). Berlin 1991. S. 111–124.

Hahn, Karl-Heinz: Briefe an Goethe. Erklärungen zu einer geplanten Regestausgabe der an Goethe gerichteten Briefe. In: Weimarer Beiträge 6 (1960) H. 4 und Sonderh. S. 1125–46.

Hahn, Karl-Heinz Grundzüge einer archivalischen Handschriftenkunde. In: Archivmitteilungen 19 (1969) H. 1. S. 24–29. H. 2. S. 67–74.

– / Holtzhauer, Helmut: Wissenschaft auf Abwegen? Zur Edition von Werken der neueren deutschen Literatur. In: Forschen und Bilden 1 (1966) S. 2–22.

Heinemeyer, Walter: Richtlinien für die Regestierung von Urkunden. Hrsg. vom Arbeitskreis für Editionsgrundsätze. In: Blätter für deutsche Landesgeschichte 101 (1965) S. 1–7.

Hoffmann, Dirk O.: Die konsequent synoptische Methode. Zur Edition des *Rosenkavalier* im Rahmen der Kritischen Hofmannsthal-Ausgabe. In: Zeitschrift für deutsche Philologie 101 (1982) Sonderheft: Probleme neugermanistischer Edition. S. 80–93.

Hoffmann, Dirk O.: Das dynamische Textverständnis – die Basis der kritischen Edition des *Rosenkavalier.* In: editio 3 (1989) S. 130–144.

– / Jörgensen, Peter / Foelsche, Otmar: Computer-Edition statt Buch-Edition. Notizen zu einer historisch-kritischen Edition basierend auf dem Konzept von *hypertext* und *hypermedia.* In: editio 7 (1993) S. 211–220.

Höpker-Herberg, Elisabeth / Zeller, Hans: Der Kommentar, ein integraler Bestandteil der historisch-kritischen Ausgabe? In: editio 7 (1993) S. 51–61.

Hurlebusch, Klaus: Deutungen literarischer Arbeitsweise. In: Zeitschrift für deutsche Philologie 105 (1986) Sonderheft: Editionsprobleme der Literaturwissenschaft. S. 4–42.

– Conceptualization for Procedures of Autorship. In: Studies in Bibliography 41 (1988) S. 100–135.

– Edition. In: Das Fischer Lexikon. Literatur. Hrsg. von Ulfert Ricklefs. Bd. 1. Frankfurt a. M. 1996. S. 457–487.

– Den Autor besser verstehen: aus seiner Arbeitsweise. Prolegomenon zu einer Hermeneutik textgenetischen Schreibens. In: Textgenetische Edition. Hrsg. von Hans Zeller und Gunter Martens. Tübingen 1998. S. 7–51.

Joost, Ulrich: Lichtenbergs ›geheime‹ Tagebücher. Probleme ihrer Edition und Kommentierung. In: Edition et Manuscrits. Probleme der Prosa-Edition. [...] Hrsg. von Michael Werner und Winfried Woesler. Bern / Frankfurt a. M. / New York / Paris 1987. S. 219–241.

Kamzelak, Roland S.: Edition und EDV. Neue Editionspraxis durch

Hypertext-Editionen. In: Text und Edition. Positionen und Perspektiven. Hrsg. von Rüdiger Nutt-Kofoth [u. a.]. Berlin 2000. S. 65–80.

Kanzog, Klaus: Faksimilieren, transkribieren, edieren. Grundsätzliches zu Gerhard Schmids Ausgabe des *Woyzeck*. In: Georg Büchner Jahrbuch 4 (1984) S. 280–294.

– Textkritische Probleme der literarischen Zensur. Zukünftige Aufgaben einer literaturwissenschaftlichen Zensurforschung. In: »Unmoralisch an sich ...«. Zensur im 18. und 19. Jahrhundert. Hrsg. von Herbert G. Göpfert und Erdmann Weyrauch. Wiesbaden 1988. S. 309–331.

Killy, Walther: Der »Helian«-Komplex in Trakls Nachlaß mit einem Abdruck der Texte und einigen editorischen Erwägungen. In: Euphorion 53 (1959) H. 3. S. 380–418.

Koltes, Manfred A.: Elektronische Datenverarbeitung und Briefregesten. Überlegungen zur Einführung der EDV in einem laufenden Editionsprojekt. In: Der Brief in Klassik und Romantik. Aktuelle Probleme der Briefedition. Hrsg. von Lothar Bluhm und Andreas Meier. Würzburg 1993. S. 155–163.

Kraft, Herbert: Die Aufgaben der Editionsphilologie. In: Zeitschrift für deutsche Philologie 101 (1982) Sonderheft: Probleme neugermanistischer Edition. S. 4–12.

Lachmann, Karl: Zum Lessing. In: K. L.: Kleinere Schriften zur deutschen Philologie. Hrsg. von Karl Müllenhoff. Bd. 1. Berlin 1876. S. 548–576.

Martens, Gunter: Textdynamik und Edition. Überlegungen zur Bedeutung und Darstellung variierender Textstufen. In: Texte und Varianten. Probleme ihrer Edition und Interpretation. Hrsg. von G. M. und Hans Zeller. München 1971. S. 165–201.

– Textkonstitution in Varianten. Die Bedeutung der Entstehungsvarianten für das Verständnis schwieriger Texte Hölderlins. In: Edition und Interpretation. Edition et Interprétation des Manuscrits Littéraires. [...] Hrsg. von Louis Hay und Winfried Woesler. Bern / Frankfurt a. M. / Las Vegas 1981. S. 69–96.

– Texte ohne Varianten? Überlegungen zur Bedeutung der Frankfurter Hölderlin-Ausgabe in der gegenwärtigen Situation der Editionsphilologie. In: Zeitschrift für deutsche Philologie 101 (1982) Sonderheft: Probleme neugermanistischer Edition. S. 43–64.

– Entwürfe zur Lyrik Georg Heyms. Möglichkeiten des Einblicks in die immanente Poetik seiner Dichtungen. In: editio 1 (1987) S. 250–265.

Martens, Gunter: Was ist ein Text? Ansätze zur Bestimmung eines Leitbegriffs der Textphilologie. In: Poetica 21 (1989) H. 1–2. S. 1–25. – [Modifiziert auch unter dem Titel:] Was ist – aus editorischer Sicht – ein Text? Überlegungen zur Bestimmung eines Zentralbegriffs der Editionsphilologie. In: Zu Werk und Text. Beiträge zur Textologie. Hrsg. von Siegfried Scheibe und Christel Laufer (Red.). Berlin 1991. S. 135–156.

– Der wohlfeile Goethe. Überlegungen zur textphilologischen Grundlegung von Leseausgaben. In: Edition als Wissenschaft. Festschrift für Hans Zeller. Hrsg. von G. M. und Winfried Woesler. Tübingen 1991. S. 72–91.

– Kommentar – Hilfestellung oder Bevormundung des Lesers? In: editio 7 (1993) S. 36–50.

Müller, Ulrich: Personal Computer, Wissenschaftliche Manuskripte und Editionen. In: editio 2 (1988) S. 48–72.

Nutt-Kofoth, Rüdiger: Dokumentierte und gedeutete Befunde. Zum Abschluß der historisch-kritischen Ausgabe von C. F. Meyers Gedichten mit einem Rück- und Ausblick auf die Entwicklung der Editionsphilologie. In: Euphorion 94 (2000) H. 2. S. 225–241.

– Themenbezogene Publikationsorgane zwischen Konzentration und Segmentierung des literaturwissenschaftlichen Feldes. Das Beispiel der germanistischen Editionsphilologie. In: Jahrbuch der Deutschen Schillergesellschaft 47 (2003) S. 415–422.

– Textkritik. In: Reallexikon der deutschen Literaturwissenschaft. Neubearbeitung des Reallexikons der deutschen Literaturgeschichte. Gemeinsam mit Georg Braungart, Harald Fricke, Klaus Grubmüller, Friedrich Vollhardt und Klaus Weimar hrsg. von Jan-Dirk Müller. Bd. 3. Berlin / New York 2003. S. 602–607.

– Textgenese. Überlegungen zu Funktion und Perspektive eines editorischen Aufgabengebiets. In: Jahrbuch für Internationale Germanistik 37 (2005) H. 1. S. 97–122.

Oellers, Norbert: Angleichung, Normalisierung, Restitution. Die Editio hybrida als Schicksal der deutschen Klassiker? In: Zeitschrift für deutsche Philologie 101 (1982) Sonderheft: Probleme neugermanistischer Edition. S. 29–42.

Ott, Wilhelm: Computerunterstützte Edition. In: editio 3 (1989) S. 157–176.

– Der Computer als wissenschaftliches Arbeitsmittel für Editionen. In: Philosophische Editionen. Erwartungen an sie – Wirkungen durch sie. […] Hrsg. von Hans Gerhard Senger. Tübingen 1994. S. 93–103.

Plachta, Bodo: Der ›Stückschreiber‹ als Regisseur. Editorische Konsequenzen aus Brechts Regiearbeit am *Galilei*. In: Textkonstitution bei mündlicher und bei schriftlicher Überlieferung. […] Hrsg. von Martin Stern unter Mitarbeit von Beatrice Grob, Wolfram Groddeck und Helmut Puff. Tübingen 1991. S. 197–208.

– Zensur und Textgenese. In: editio 13 (1999) S. 35–52.

Polheim, Karl Konrad: Ist die Textkritik noch kritisch? In: Germanistik – Forschungsstand und Perspektiven. Vorträge des Deutschen Germanistentages 1984. Hrsg. von Georg Stötzel. Tl. 2. Berlin / New York 1985. S. 324–336.

– Der Textfehler. Begriff und Problem. In: editio 5 (1991) S. 39–54.

Reuß, Roland: Franz Kafka: *Erstes Leid*. Notizen zu einem Problem der Textkritik. In: Text. Kritische Beiträge 1 (1995) S. 11–20.

– »genug Achtung vor der Schrift«? Zu: Franz Kafka, *Schriften Tagebücher Briefe. Kritische Ausgabe*. In: Text. Kritische Beiträge 1 (1995) S. 107–126.

Ricklefs, Ulfert: Zur Erkenntnisfunktion des literaturwissenschaftlichen Kommentars. In: Probleme der Kommentierung. […] Hrsg. von Wolfgang Frühwald, Herbert Kraft und Walter Müller-Seidel. Bonn-Bad Godesberg 1975. S. 33–74.

Roloff, Hans-Gert: Probleme der Edition barocker Texte. In: Jahrbuch für Internationale Germanistik 4 (1972) H. 2. S. 24–69.

– Editorische Desiderata zur Mittleren Deutschen Literatur. In: editio 1 (1987) S. 15–128.

– Zur Relevanz von Varianten und Lesarten. In: Probleme der Edition von Texten der Frühen Neuzeit. Beiträge zur Arbeitstagung der Kommission für die Edition von Texten der Frühen Neuzeit. Hrsg. von Lothar Mundt, H.-G. R. und Ulrich Seelbach. Tübingen 1992. S. 2–14.

– Fragen zur Gestaltung von Kommentaren zu Textausgaben der Frühen Neuzeit. In: Probleme der Edition von Texten der Frühen Neuzeit. Beiträge zur Arbeitstagung der Kommission für die Edition von Texten der Frühen Neuzeit. Hrsg. von Lothar Mundt, H.-G. R. und Ulrich Seelbach. Tübingen 1992. S. 130–139.

– Zur Geschichte des editorischen Kommentars. In: editio 7 (1993) S. 1–17.

Scheibe, Siegfried: Zu einigen Grundprinzipien einer historisch-kritischen Ausgabe. In: Texte und Varianten. Probleme ihrer Edition und Interpretation. Hrsg. von Gunter Martens und Hans Zeller. München 1971. S. 1–44.

Scheibe, Siegfried: Zum editorischen Problem des Textes. In: Zeitschrift für deutsche Philologie 101 (1982) Sonderheft: Probleme neugermanistischer Edition. S. 12–29.

– Einige grundsätzliche Vorüberlegungen zur Vereinheitlichung von Editionen. In: Edition et Manuscrits. Probleme der Prosa-Edition. […] Hrsg. von Michael Werner und Winfried Woesler. Bern / Frankfurt a. M. / New York / Paris 1987. S. 177–189.

– Zum Verhältnis der Edition/Textologie zu den Gesellschaftswissenschaften. Mit einem Anhang: 25 Thesen zur Textologie. In: Weimarer Beiträge 33 (1987) S. 158–166.

– Benötigen wir eine eigene Theorie der Edition von Dramen? Einige Bemerkungen zur Einheit der Textologie. In: editio 3 (1989) S. 28–40.

– Editorische Grundmodelle. In: Zu Werk und Text. Beiträge zur Textologie. Hrsg. von S. S. und Christel Laufer (Red.). Berlin 1991. S. 23–48.

Scherer, Wilhelm: Goethe-Philologie. In: Im neuen Reich 7 (1877) S. 161–178.

Schillemeit, Jost: Edition, Interpretation und Entstehungsgeschichte. Überlegungen zu ihrem Wechselverhältnis am Beispiel eines *Faust*-Paralipomenons. In: editio 1 (1987) S. 198–208.

– Korrekturen in Kafkas Manuskripten und ihre Darstellung in der Kritischen Kafka-Ausgabe. In: Edition et Manuscrits. Probleme der Prosa-Edition. […] Hrsg. von Michael Werner und Winfried Woesler. Bern / Frankfurt a. M. / New York / Paris 1987. S. 93–106.

Schmid, Irmtraut / Henke, Silke: Aus der Arbeit der Regestausgabe *Briefe an Goethe*. Mit einem Exkurs über: Die Verwendung von Konjunktiv und Indikativ in der Regestausgabe. In: Zeitschrift für deutsche Philologie 105 (1986) Sonderheft: Editionsprobleme der Literaturwissenschaft. S. 136–150.

Seelbach, Ulrich: Edition und Frühe Neuzeit. In: Text und Edition. Positionen und Perspektiven. Hrsg. von Rüdiger Nutt-Kofoth [u. a.]. Berlin 2000. S. 99–119.

Seidel, Gerhard: Der ›edierte Text‹ als Repräsentation und Reduktion des Werkes. Zur Wahl der Textgrundlage bei Brecht. In: Textkonstitution bei mündlicher und bei schriftlicher Überlieferung. […] Hrsg. von Martin Stern unter Mitarb. von Beatrice Grob,

Wolfram Groddeck und Helmut Puff. Tübingen 1991. S. 209–213.

Senger, Hans Gerhard: Der Kommentar als hermeneutisches Problem. In: editio 7 (1993) S. 62–75.

Simm, Hans-Joachim: Zur sozialgeschichtlichen und editionsphilologischen Stellung sogenannter Lese- und Studienausgaben deutscher Klassiker. In: Germanistik – Forschungsstand und Perspektiven. Vorträge des Deutschen Germanistentages 1984. Hrsg. von Georg Stötzel. Tl. 2. Berlin / New York 1985. S. 371–384.

Steinecke, Hartmut: Brief-Regesten. Theorie und Praxis einer neuen Editionsform. In: Zeitschrift für deutsche Philologie 101 (1982) Sonderheft: Probleme neugermänistischer Edition. S. 199–210.

Stüben, Jens: Interpretation statt Kommentar. Ferdinand von Saar und Marie von Ebner-Eschenbach: *Kritische Texte und Deutungen*. In: Kommentierungsverfahren und Kommentarformen. […] Hrsg. von Gunter Martens. Tübingen 1993. S. 99–107.

Tanselle, G. Thomas: The Varieties of Scholarly Editing. In: Scholarly Editing. A Guide to Research. Ed. by D. C. Greetham. New York 1995. S. 9–32.

Tarot, Rolf: Probleme der Edition von Texten des 16. und 17. Jahrhunderts. In: Texte und Varianten. Probleme ihrer Editon und Interpretation. Hrsg. von Gunter Martens und Hans Zeller. München 1971. S. 371–384.

– Editionsprinzipien für deutsche Texte der Neuzeit. In: Sprachgeschichte. Ein Handbuch zur Geschichte der deutschen Sprache und ihrer Erforschung. Hrsg. von Werner Besch, Oskar Reichmann und Stefan Sonderegger. Berlin / New York 1984. S. 703–711.

Thomasberger, Andreas: Textsicherung und Textkritik. In: Literaturwissenschaft. Ein Grundkurs. Hrsg. von Helmuth Brackert und Jörn Stückrath. Reinbek bei Hamburg 1992. S. 455–466.

Trauth, Michael: Vom maschinellen Zerhacken der Texte. Register, Indizes, Konkordanzen, Bibliographien. In: Philosophische Editionen. Erwartungen an sie – Wirkungen durch sie. […] Hrsg. von Hans Gerhard Senger. Tübingen 1994. S. 125–150.

Wegstein, Werner: Zeichenerkennung und elektronische Texterfassung. In: Philosophische Editionen. Erwartungen an sie – Wirkungen durch sie. […] Hrsg. von Hans Gerhard Senger. Tübingen 1994. S. 118–124.

Weidl, Erhard: Das Elend der Editionstechnik. In: Zeitschrift für

Literaturwissenschaft und Linguistik 5 (1975) H. 19/20: Edition und Wirkung. S. 191–199.
Windfuhr, Manfred: Die neugermanistische Edition. Zu den Grundsätzen kritischer Gesamtausgaben. In: Deutsche Vierteljahrsschrift 31 (1957) S. 425–442.
– Zum Verständnis von Kommentar und Genese. Diskussionsbeitrag. In: editio 5 (1991) S. 173–177.
Witkowski, Georg: Grundsätze kritischer Ausgaben neuerer deutscher Dichterwerke. In: Funde und Forschungen. Eine Festgabe für Julius Wahle zum 15. Februar 1921. Leipzig 1921. S. 216–226.
Woesler, Winfried: Funktion und Planung historisch-kritischer Ausgaben. In: Zeitschrift für Literaturwissenschaft und Linguistik 5 (1975) H. 19/20: Edition und Wirkung. S. 13–25.
– Theorie und Praxis der Nachlaßedition. In: Die Nachlaßedition. La publication de manuscrits inédits. [...] Hrsg. von Louis Hay und W. W. Bern / Frankfurt a. M. / Las Vegas 1979. S. 42–53.
– Die Normalisierung historischer Orthographie als wissenschaftliche Aufgabe. In: Zeitschrift für deutsche Philologie 105 (1986) Sonderheft: Editionsprobleme der Literaturwissenschaft. S. 69–83.
– Die Textgestaltung von Büchners *Leonce und Lena*. In: Georg Büchner Jahrbuch 6 (1986/87) S. 216–232.
– Editionstechnische Verzeichnung einfacher Varianten. In: Zu Werk und Text. Beiträge zur Textologie. Hrsg. von Siegfried Scheibe und Christel Laufer (Red.). Berlin 1991. S. 49–60.
– Entstehung und Emendation von Textfehlern. In: editio 5 (1991) S. 55–75.
– Zu den Aufgaben des heutigen Kommentators. In: editio 7 (1993) S. 18–35.
Zeller, Hans: Zur gegenwärtigen Aufgabe der Editionstechnik. Ein Versuch, komplizierte Handschriften darzustellen. In: Euphorion 52 (1958) S. 356–377.
– Befund und Deutung. Interpretation und Dokumentation als Ziel und Methode der Edition. In: Texte und Varianten. Probleme ihrer Edition und Interpretation. Hrsg. von Gunter Martens und H. Z. München 1971. S. 45–89.
– Struktur und Genese in der Editorik. Zur germanistischen und anglistischen Editionsforschung. In: Zeitschrift für Literaturwissenschaft und Linguistik 5 (1975) H. 19/20: Edition und Wirkung. S. 105–126.
– Braucht die Editionslehre eine Fachsprache? Für eine Verständi-

gung. In: Die Nachlaßedition. La publication de manuscrits inédits. [...] Hrsg. von Louis Hay und Winfried Woesler. Bern / Frankfurt a. M. / Las Vegas 1979. S. 31–41.
– Die Bedeutung der Varianten für die Interpretation. Am Beispiel der »Judenbuche« der Droste. In: Edition und Interpretation. Edition et Interprétation des Manuscrits Littéraires. [...] Hrsg. von Louis Hay und Winfried Woesler. Bern / Frankfurt a. M. / Las Vegas 1981. S. 119–132.
– Für eine historische Edition. Zu Textkonstitution und Kommentar. In: Germanistik – Forschungsstand und Perspektiven. Vorträge des Deutschen Germanistentages 1984. Hrsg. von Georg Stötzel. Tl. 2. Berlin / New York 1985. S. 305–323.
– Die Typen des germanistischen Varianten-Apparats und ein Vorschlag zu einem Apparat für Prosa. In: Zeitschrift für deutsche Philologie 105 (1986) Sonderheft: Editionsprobleme der Literaturwissenschaft. S. 42–69.
– Zur kritischen Studienausgabe von »Leonce und Lena«. In: Georg Büchner Jahrbuch 6 (1986/87) S. 206–215.
– Textologie und Textanalyse. Zur Abgrenzung zweier Disziplinen und ihrem Verhältnis zueinander. In: editio 1 (1987) S. 145–158.
– Fünfzig Jahre neugermanistischer Edition. Zur Geschichte und künftigen Aufgaben der Textologie. In: editio 3 (1989) S. 1–17.
– Was nützt die Modernisierung der historischen Orthographie in unsern Klassiker-Ausgaben? In: editio 4 (1990) S. 44–56.
– / Schilt, Jelka: Werk oder Fassung eines Werks? Zum Problem der Werkdefinition nach Fassungen am Beispiel von Conrad Ferdinand Meyers Gedichten. In: Zu Werk und Text. Beiträge zur Textologie. Hrsg. von Siegfried Scheibe und Christel Laufer (Red.). Berlin 1991. S. 61–86.

Zweig, Stefan: Meine Autographensammlung. In: Philobiblon 3 (1930) H. 7. S. 279–291.

Abbildungsnachweis

33 Druckvorlage zu Goethes *Leiden des jungen Werthers* (Fassung von 1789/90). Schreiberabschrift mit eigenhändigen Korrekturen Goethes. Goethe- und Schiller Archiv, Weimar. Foto: Stiftung Weimarer Klassik und Kunstsammlungen.

37 Apparatprobe zu C. F. Meyers Gedicht *Der römische Brunnen.* Conrad Ferdinand Meyer: Sämtliche Werke. Historisch-kritische Ausgabe. Bd. 3. Hrsg. von Hans Zeller. Bern 1967. S. 246.

43 Lineare Textdarstellung und Konstituierter Text (Ausschnitt) zu Hölderlins Gedicht *Die Eichbäume.* Friedrich Hölderlin: Sämtliche Werke. Frankfurter Ausgabe. Bd. 3. Hrsg. von D. E. Sattler und Wolfram Groddeck. Frankfurt a. M. 1977. S. 48.

49 Entwurf (Ausschnitt) zu Annette von Droste-Hülshoffs Gedicht *Der Knabe im Moor.* Staatsbibliothek zu Berlin – Preußischer Kulturbesitz. Depositum in der Universitäts- und Landesbibliothek Münster.

51 Entwurf zu Friedrich Hölderlins Gedicht *Hälfte des Lebens* im Stuttgarter Foliobuch. Württembergische Landesbibliothek, Stuttgart. – Aus: Friedrich Pfäfflin (Bearb.): Vom Schreiben 1. Das weiße Blatt oder Wie anfangen? Marbach a. N. 1994. (Marbacher Magazin. 68/1994.) S. 68.

55 Manuskriptseite zu Franz Kafkas Roman *Der Proceß* (Kapitel »Im Dom«). Schiller-Nationalmuseum / Deutsches Literaturarchiv, Marbach a. N. – Aus: Malcolm Pasley (Bearb.): Franz Kafka. Der Proceß. Die Handschrift redet. Marbach a. N. 1990. (Marbacher Magazin. 52/1990.) S. 16.

56/57 Fahnenkorrektur von Karl Kraus zu seinem Beitrag *Aus der Sudelküche* in der *Fackel* (Nr. 561–567, März 1921, S. 60). Österreichische Nationalbibliothek, Wien. Handschriftensammlung. Cod. Ser. n. 24.257. Bl. 258 r. – Aus: Friedrich Pfäfflin (Bearb.): Vom Schreiben 1. Das weiße Blatt oder Wie anfangen? Marbach a. N. 1994. (Marbacher Magazin. 68/1994.) S. 100. – Mit Genehmigung des Suhrkamp Verlags, Frankfurt a. M.

67 Preßkorruptele in drei Exemplaren von Friedrich Gottlieb Klopstocks Abhandlung *Von der heiligen Poesie* in *Der Messias* (Bd. 1, Halle ^{2}1760). – Aus: Martin Boghardt: Analytische

Druckforschung. Ein methodischer Beitrag zu Buchkunde und Textkritik. Hamburg 1977. S. 57.

71 Beta-Radiographie eines Wasserzeichens aus der Handschrift zu Heinrich Heines *Reise von München nach Genua.* Bibliothèque Nationale, Paris. – Aus: Marianne Bockelkamp: Analytische Forschungen zu Handschriften des 19. Jahrhunderts. Am Beispiel der Heine-Handschriften der Bibliothèque Nationale Paris. Hamburg 1982. S. 109.

84/85 Druckvorlage zu Heinrich Heines Versepos *Deutschland. Ein Wintermährchen* (Caput III) mit Korrekturen aus Rücksicht auf die Zensur. – Aus: Heinrich Heine: Ein Wintermärchen. Faksimiledruck nach der Handschrift des Dichters nebst vier Blättern des Brouillons aus dem Nachlasse der Kaiserin Elisabeth von Österreich. Mit einem Nachw. hrsg. von Friedrich Hirth. Berlin 1915.

105 Entwurf zu Heinrich Heines Gedicht *Nachtgedanken* (Str. 9). The Pierpont Morgan Library. Dannie and Hettie Heinemann Collection, New York.

108 Typoskript mit handschriftlichen Korrekturen zu Bertolt Brechts Gedicht *Der Zweifler.* Bertolt-Brecht-Archiv, Berlin. Aus: Bertolt Brecht. Sein Leben in Bildern und Texten. Hrsg. von Werner Hecht. Frankfurt a. M. 1978. S. 147. © 1978 Suhrkamp Verlag, Frankfurt a. M.

Personenregister